D1594181

CONSCIENCIA

CONSCIENCIA

Vivir con la mente despierta
Enseñanzas de la Verdad

ALEJANDRA LLAMAS

Grijalbo

El papel utilizado para la impresión de este libro ha sido fabricado a partir de madera procedente de bosques y plantaciones gestionadas con los más altos estándares ambientales, garantizando una explotación de los recursos sostenible con el medio ambiente y beneficiosa para las personas.

Consciencia
Vivir con la mente despierta. Enseñanzas de la Verdad

Primera edición: octubre, 2021

D. R. © 2021, Alejandra Llamas

D. R. © 2021, derechos de edición mundiales en lengua castellana:
Penguin Random House Grupo Editorial, S. A. de C. V.
Blvd. Miguel de Cervantes Saavedra núm. 301, 1er piso,
colonia Granada, alcaldía Miguel Hidalgo, C. P. 11520,
Ciudad de México

penguinlibros.com

ISBN: 978-607-380-472-1

Impreso en México – *Printed in Mexico*

El que vive hacia afuera, anhela;
el que conquista su interior, lo tiene todo.

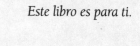

Este libro es para ti.

Índice

Prólogo

Tengo la gran fortuna de trabajar con Ale Llamas desde hace ya casi una década, y todo lo que le he aprendido y ha transformado mi vida se reduce a una palabra: consciencia. Y no puedo estar más agradecido y contento con lo que he descubierto.

Pero esa palabra va más allá del mero significado de no estar dormido o sedado, y, en este libro, Ale nos guía paso a paso hacia ella. La consciencia ya está ahí, es sólo cosa de despertarla.

Lo interesante de todo esto es que, como me lo ha dicho Ale muchas veces, somos como una cebolla a la que hay que pelar capa a capa para llegar al centro de nosotros y despertar nuestra consciencia.

Cuando Ale me dio el libro, me lo leí de una manera casi voraz, pero luego me di cuenta de que me sucedió lo mismo que cuando te comes una caja de chocolates de golpe: no los disfrutas. Y este libro es para eso, para saborearse.

Lo volví a leer sentado frente al mar con toda la calma del mundo. Hay que leerlo con calma, paso a paso, hoja por hoja, y al final de cada capítulo reflexionar en lo que hemos leído, dejar que como un ancla…, llegue al fondo.

No es algo abstracto; además, Ale nos lleva de la mano en cada capítulo.

Somos esa cebolla cubierta de capas creadas por percepciones que nos programan; y una vez que terminamos de pelarla, nos enfrentaremos a nuestras emociones, que son válidas y hay que sentirlas, pero no por ello dejar que lleven el timón de nuestras vidas. Cada vez que pasamos un capítulo iremos soltando esas capas de creencias.

En este viaje a nuestro origen, al pelar la cebolla, también nos desprenderemos de la confusión en la que vivimos para poder liberarnos y SER felices.

Y una cosa más… Aprenderemos en el silencio. En el silencio en el que estamos mientras leemos y que va tomando fuerza en nuestro ser. Pero para ser conscientes hay que ser valientes.

¿Qué dices? Te invito a echarte un clavado dentro de ti mismo e irte despojando de todas esas capas que seguramente has ido creando para que, cuando finalmente acabes el libro, te acuerdes de este prólogo con una sonrisa.

PEPE BANDERA
Junio 2021

Introducción

Tu mundo es lo que es para ti, debido a tu estado de
conciencia actual. Simple, ¿no crees?
Demasiado simple, y más para el pensamiento del ser
humano que quiere complicarlo todo.

A lo largo de estos años, en los que he vivido situaciones de
la mano de varios estudiantes, amigos y familiares, entiendo
que muchos de nuestros "problemas" en el plano físico tienen
su origen en la incapacidad de actuar, vivir o entender la vida
desde un mayor grado de conciencia, de un entendimiento
más profundo para replantear lo que sucede o relacionarnos
con la realidad de manera efectiva.

Hasta los problemas básicos de la humanidad, como la pobreza, el crimen, las adicciones, los trastornos emocionales,
psiquiátricos, la guerra y los conflictos en las relaciones humanas son, en muchas ocasiones, producto de un síntoma creado
por una inconsciencia colectiva e individual que resulta ciega
para algunos de nosotros.

La solución a varios de los dilemas del día a día nace de un
mayor entendimiento de la situación, de comprender la causa.
La sociedad ha encontrado soluciones a algunos de los problemas inmediatos a través de la ciencia, pero ésta no ha tenido

un alcance notorio en las dificultades sociales, cuya resolución requiere una mayor comprensión sobre la naturaleza de la conciencia humana.

Encuentro que la respuesta real para resolver los dilemas humanos es el incremento de la conciencia en nuestro diario vivir, y por eso la importancia de la comprensión extensiva de este tema.

> "Ningún problema puede ser resuelto en el mismo nivel de conciencia en el que se creó."
>
> ALBERT EINSTEIN

(En este libro me refiero a Consciencia con "sc" cuando hablo de la Consciencia Mayor, esa que nos une a todos los seres humanos y que es la última realidad universal; en cambio, cuando hablo de conciencia con "c" me refiero al nivel de conciencia que tenemos en cuanto a la capacidad de vernos unidos a la Consciencia Mayor.)

Es común que las personas busquen soluciones en "esto o lo otro", desde posturas u opiniones, pero no dentro de ellas. Por lo que aquello que te preocupa, angustia, enoja o entristece se resuelve indagando, cuestionándote y transformando el estado de conciencia que crea el sufrimiento para permitir que la solución surja de nuestra sabiduría y así ser certeros en nuestras acciones.

Muchos estamos expuestos a la inconsciencia ajena y otros tantos somos los generadores de realidades destructivas. Aun así, estamos en esta experiencia juntos y señalar a otros o a las circunstancias no es la manera de armonizar la vida, sino dando un clavado al interior.

Es necesario comprender, para esto, nuestra experiencia de vida, tanto en lo individual como en lo colectivo, con el fin de conectar con espacios dentro de nosotros más asertivos y amorosos.

Hoy en día sabemos que la evolución real como humanidad consiste en volvernos conscientes de un sinnúmero de capacidades que viven en nosotros y que ignoramos, para así reconocer el verdadero poder que tenemos en la interacción con nuestra vida y desarrollar la habilidad para relacionarnos unos con otros y con el entorno de manera armónica y funcional.

El verdadero conocimiento de vivir reside en la capacidad de ver la vida más allá de conceptos aprendidos, heredados y acartonados, que nos alejan de la magia y el potencial de cada instante. Esto es un proceso de deshacer, soltar, dejar caer y desaprender. Es acceder a una presencia en la que la paciencia, la sencillez y el "no hacer" son grandes acompañantes.

> El ser humano no es sus circunstancias, sino las posibilidades existentes.

Había un maestro sij que llevaba gran parte de su vida encarcelado. Cavó durante años un camino para salir de la pequeña celda en la que estaba confiscado. Al emprender su escape se dio cuenta de que terminó en la celda de Dantes y no en una salida a la libertad. Decidió encontrar su liberación

instruyendo a Dantes como su alumno, y le enseñó con devo-
ción todo lo que sabía acerca de los misterios de la vida.

Al principio Dantes estaba impaciente por adquirir rá-
pidamente toda la información posible; pero el maestro sij,
con infinita paciencia, le mostró a Dantes cuán incapaz es el
ser humano de asimilar todo el conocimiento de una vida en
un instante. El maestro sij le enseñó la primera lección: una
mente puede estar ansiosa de aprender, pero no preparada.
Las grandes enseñanzas caen como gotas y maduran con el
tiempo. En estos encuentros Dantes descubre que nada nuevo
será asimilado si no va en proporción al abandono de sus
juicios humanos. En ese pequeño espacio la gran lección fue
reconocer que la consciencia no conoce fronteras, y la limita-
ción o la libertad viven en la capacidad de desdoblar dentro
de nosotros lo que desaprendemos para vivir en completa li-
beración interior independientemente de las circunstancias
externas.

> La consciencia es la causa, y la sustancia del
> mundo es el efecto de lo que experimentamos
> y plasmamos en el plano físico.

Para qué este libro

El primer paso hacia cualquier entendimiento profundo es
reconocer que no venimos a cambiar al mundo, sino a trascender nuestro propio estado de conciencia. Asimismo, a aprender que la vida requiere que vivamos en hermandad, y eso

comienza con cada uno de nosotros. El propósito es usar las experiencias para relacionarnos desde una respuesta de mayor sabiduría, de la mano de un mejor entendimiento.

El recurso común es criticar, juzgar o señalar las fallas de fuera. Éste es el hábito de la mente dormida. Para vivir en consciencia, como propone este libro, es necesario reconocer que los resultados creados en el mundo humano son producto de la inconsciencia o conciencia colectiva, aquella que construimos todos, como una mente unida.

Para reestructurar esta mente, cada uno debe hacerse cargo de su propia claridad interior. Esto se logra al darnos cuenta de que, como decía Gandhi:

"Debemos ser el cambio que queremos ver en el mundo".

Al aclararte tú, sanas a la humanidad completa. Ésta es la enseñanza de los grandes maestros espirituales, como Jesús, Buda, Krishna, etcétera. Siendo seres humanos ordinarios como tú y yo, ellos comprendieron la vida más allá de la limitación aparente. Nos mostraron, a través del ejemplo y de sus enseñanzas, lo que un ser humano es capaz de transcender. En este libro exploraremos lo que ellos comprendieron, cómo lo vivieron… y qué es realmente vivir con la mente despierta.

Acompáñame en estas páginas a comprender:

¿Qué es realmente vivir en paz? ¿En dónde radica nuestro poder? ¿Qué es real? ¿Cómo se vive una vida en un estado de conciencia fuera de la programación? ¿De qué somos capaces los seres humanos? ¿Tenemos superpoderes?

Bienvenido a los secretos de los grandes maestros.

Capítulo 1

¿Qué es vivir en consciencia?

Comencemos por comprender que lo que percibimos del exterior no tiene significado definido en sí mismo. Cada persona responde a eventos similares desde diferentes interpretaciones, emociones y puntos de vista. Por lo tanto, una vivencia puede experimentarse de tantas maneras como personas hay en el mundo.

Esto implica que la realidad que vemos y experimentamos *es*. Hoy la ciencia nos explica con detalle que el mundo físico en realidad es espacio vacío, compuesto de campos energéticos. Se transforma y se comporta en relación con la interacción del observador. Es decir, el exterior está vivo energéticamente y se relaciona con nuestra vibración, intención, emoción y conclusiones.

Lo que vemos como fijo o material dentro de un ojo microscópico resulta ser energía altamente condensada. Einstein afirmó que materia y energía son equivalentes. El universo está compuesto de campos energéticos que palpitan en información que aparece y desaparece. Cuando algo no parece visible, se cree que se integra al todo y a la nada, a la consciencia unida. Esto explica por qué en diferentes lugares del mundo y sin aparente relación surgen descubrimientos, movimientos artísticos o avances médicos similares. Es porque vienen del mismo origen: la Consciencia Mayor, que no conoce distancia ni tiempo. Trabaja a través de la inspiración, la imaginación y la creatividad en el espacio cuántico.

Einstein reconoció que:

"La imaginación es más importante que el conocimiento".

Si viéramos el universo con lentes cuánticos, observaríamos que lo que nos rodea en todo momento es espacio vacío, como ya comenté. Se desintegra de la siguiente manera: de materia a átomo, después a partículas subatómicas, más adelante a paquetes de onda energética, de ahí a las súper cuerdas vibratorias en 11 dimensiones, representadas como música y color.

Por lo que el universo es, entonces, una sinfonía de sonidos y colores, que se disuelve en vacío cuántico, que a su vez se convierte en potencial puro: en infinitas posibilidades latentes en todo momento.

Esto implica que, al observar situaciones o personas, no vemos todo lo que existe en determinada situación, sino que nos limitamos a ver en ellas la conversación que llevamos dentro. Otorgamos al exterior nuestro estado de conciencia.

Si estamos en paz, bañaremos con esta posibilidad el exterior, y si estamos en enojo o culpa, ésos serán nuestros lentes.

Los conceptos y significados que le damos al exterior se los adjudicamos, según Einstein, al vacío cuántico en el cual se disuelven el pasado y el presente, y quedan en nosotros solamente como una experiencia psicológica, lo que él llama la relatividad del tiempo. Esto no quiere decir que ciertos eventos que hayamos vivido no hayan sido dolorosos en su momento, pero hoy podemos sentir, expresarnos, actuar y sanar con el fin de trascenderlos para madurar y conquistar espacios de paz en nuestro interior, ya que ellos sólo existen como impresiones en nuestra mente.

Una de las limitaciones que tenemos los seres humanos para modificar nuestro estado de conciencia es nuestra visión del mundo construida por los Pilares del Ser. Éstos actúan como un caparazón que no vemos, pero rigen las fronteras de lo que nos define y aprisionan en nuestro interior. Los menciono a continuación:

- Declaraciones
- Creencias
- Cultura
- Pensamientos
- Cuerpo emocional
- Lenguaje

CÓMO VEMOS EL MUNDO

En la figura 1.1 vemos cómo los Pilares del Ser se convierten en una conversación dentro de nosotros que contribuye al estado emocional en el que vivimos. Al reforzar la visión del mundo una y otra vez, y al creer que tenemos la razón, experimentamos patrones o vivencias repetitivas en nuestra vida, sin acceder a todo lo que es posible.

FIGURA 1.1. *Cómo vemos el mundo*

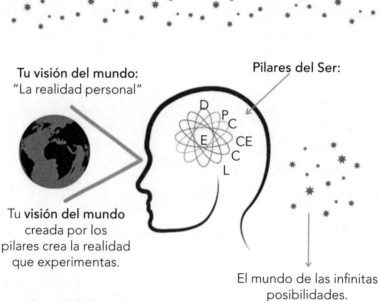

Tu visión del mundo:
"La realidad personal"

Pilares del Ser:

Tu **visión del mundo**
creada por los
pilares crea la realidad
que experimentas.

El mundo de las infinitas
posibilidades.

Pilares del Ser:

- Declaraciones
- Creencias
- Cultura
- Pensamientos
- Cuerpo emocional
- Lenguaje

El exterior no tiene significado en sí mismo,
sino a través de la información de los pilares
es como creas tu realidad personal.

La mayoría pensamos que la "realidad" está fuera y no tiene mucho que ver con nosotros. Formamos escenarios basados en interpretaciones personales, que en gran medida son una conversación heredada, que ya ni siquiera vemos, porque una vez acordados, los pilares se vuelven ciegos para nosotros mismos, construyendo apegos y lealtades inconscientes.

Lo irónico es que muchos no cuestionamos todo lo que nos decimos, pensamos y creemos. Esto define nuestras posibilidades, personalidad, cuerpo emocional y la vida que experimentamos.

Hemos vivido en un gran olvido, sumergidos en un estado alterado de conciencia que predomina en lo individual y en lo colectivo. Nos hemos habituado a la preocupación, el miedo, la ansiedad, el remordimiento, la culpa, el conflicto, la angustia, etcétera. Hemos terminado por aceptarlos como "lo normal", lo que nos lleva a vivir con emociones, actitudes y sentimientos destructivos y desconcertantes.

Todo ello lo vemos de manera evidente en la relación con nosotros mismos y en los conflictos que creamos en nuestras relaciones. Para sanar el caos que muchas veces generamos con nuestra vida se nos aconseja ir con un terapeuta para analizarla y corregirla. Hoy se comprende que el sufrimiento puede ser erradicado revelando su fuente, que no es otra que vivir en una programación establecida desde pequeños en nuestros pilares, influenciada por la cultura, familiares y el colectivo que crean una percepción túnel: sólo vemos lo que creemos, y gran parte de nuestras creencias está establecida en el temor a vivir.

LA PERCEPCIÓN

La percepción comenzó a ser estudiada en el siglo xix. En la actualidad se le reconoce como el primer proceso cognitivo. En él, la persona capta o acomoda la información recibida del exterior, que más adelante llega a los sistemas sensoriales. El cerebro se encarga de formar conexiones neuronales que representan imágenes y da una idea completa de lo que se cree que se observa. Conecta después con el sistema nervioso, que emite respuestas emocionales frente a lo visto.

El cerebro genera conclusiones con respecto al análisis e interpretación que realiza del plano físico. Su referencia son los Pilares. La percepción refuerza la conversación interna y los patrones emocionales, lo que muchos llamamos nuestra personalidad.

Se dice que la percepción distorsiona los hechos, ya que no puede ser objetiva. El 80% de lo que vemos es nuestra conversación interna y 20% es lo que observamos con los ojos. Lo que quiere decir que nos es complejo separarnos de lo que llevamos dentro. Miramos aquello que creemos en el interior. Es una elección y no un hecho. Reaccionamos a lo que percibimos y frente a esto nos comportamos. Aquello que percibimos en los demás lo fortalecemos en nosotros. La percepción, a fin de cuentas, es un espejo de nuestro interior.

LA PROGRAMACIÓN

Al vivir en resistencia, desde la programación sostenida por el miedo, creamos una percepción limitada y vivimos por *default* a la defensiva. Nos vemos separados de otros, nos justificamos y nos victimizamos como norma. Un síntoma de vivir así es experimentar depresión, ansiedad, miedo y enojo de manera constante, como si fueran el único recurso.

No reconocemos que las historias que nos contamos son producto de una programación que nos invita a creer y a pensar a partir de las creencias impuestas por la cultura. Reaccionamos como robots, producimos patrones y dinámicas generadas por la misma programación. Nos es casi imposible ver que existen muchas más posibilidades fuera de este velo ilusorio.

Dentro de la programación en realidad no elegimos, sólo repetimos comportamientos que afloran de una retórica preestablecida que ni siquiera fue creada por nosotros. Al ver el exterior proyectamos la programación a través de nuestras interpretaciones, viendo nuestras conversaciones internas en otros sin darnos cuenta, y en conceptos como *muerte*, *dinero*, *enfermedades*, *pareja*, *relaciones*, entre otros. No observamos un mundo neutral, sino uno empañado por lo que creemos estar viendo.

En la figura 1.2 se explican con detalle las tres P. La programación establecida en nuestros pilares se vuelve ciega para nosotros, y aquello que no hacemos consciente lo proyectamos, lo que quiere decir que desplazamos al exterior lo que negamos en nosotros y lo percibimos como si fuera ajeno, ya sea en personas o en situaciones. Así, formamos un circuito cerrado que establece nuestra visión del mundo. Por esto es importante cuestionarnos y hacer consciente lo inconsciente.

Figura 1.2. *Las tres P*

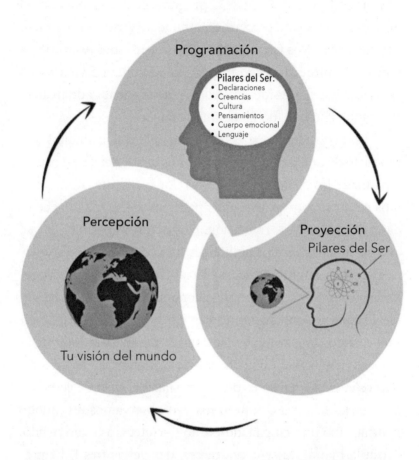

Partimos de una programación heredada que proyectamos en el plano físico, la reforzamos mediante el lenguaje, y así experimentamos nuestra visión del mundo.

EL EGO

A este sistema de creencias con el que muchos fuimos programados a través de la cultura se le llama ego. Su función principal es mantener la ilusión de un "yo" separado que se encuentra sujeto al dolor y al sufrimiento. Se expresa en forma de ganancias, pérdidas, inseguridades, ansiedad, culpa y miedo. Es una falsa identidad de quienes somos realmente, lo que nos aleja de la unión con nosotros mismos, con otros y con nuestro poder. Es una conversación que define, interpreta y juzga desde el miedo.

El ego proyecta un mundo de ilusiones. Cuando sufrimos, hemos reemplazado la realidad o los hechos por ilusiones que hemos creído; en este mundo no hay salidas, porque no es real, ya que las interpretaciones que nos dejan en limitación son construidas por creencias, fabricadas por el miedo, y cualquier solución vive en un elevado estado de conciencia que invita a la paz, al perdón o a la aceptación y no a más creencias.

Por ejemplo:

Existe una lección en el libro *Un curso de milagros* que dice: "En mi indefensión radica mi seguridad". Esto quiere decir que cuando vivimos a la defensiva hemos percibido ataque del exterior, lo cual nos pone en modo guerra, y es agotador. Si en ese momento pudiéramos ver que el ataque es nuestra interpretación y la defensa la reacción interna, podríamos salir de las ilusiones mentales que luchan unas contra otras, porque no encuentran el camino a la paz.

Una salida a los cuentos mentales es preguntarnos: ¿Qué es lo que realmente está sucediendo? Y responder sólo con los hechos. Esto corta de tajo las ilusiones y lo que no es real de lo que percibimos. Cuando soltamos las guerras internas tenemos el poder necesario para relacionarnos con lo que esté frente a nosotros.

Una pregunta importante es: ¿Quiero tener la razón o vivir en la Verdad? La Verdad representa una mirada desde el amor y la libertad interior, un alineamiento con la Consciencia Mayor.

La mayoría de los seres humanos no llega a esta comprensión porque su atención se queda fija en el pasado, en sus puntos de vista, reclamos y posturas que viven como la realidad. Su insistencia es querer que otros los comprendan, esto es lo que ellos viven como empatía. El enfoque está en la razón mental y no en la solución y lo que podemos aprender de lo vivido, haciéndonos responsables de nuestra participación. Esto crea una barrera para regresar al presente y se vuelve agotador defender posturas cuando en este momento la libertad de soltar brindaría todo el poder que se cree necesitar, y que con la lástima de otros no se encontrará. Un entorno sano es el que ve tu grandeza y evapora tus historias.

Cuando estamos en confusión, el ego recurre a ídolos falsos dentro del mundo ilusorio que percibe. Creemos que éstos —llámense gurús, pareja, tecnología, celebridades, política, objetos, relaciones especiales, cierta imagen o éxito, dinero, control, etcétera— nos van a dar el bálsamo de serenidad con el cual, al final, no logramos conectar.

El ego nos ofrece más promesas por alcanzar que en realidad no traen gratificación real. Por eso seguimos con problemas, decepciones y expectativas. Ésta es la manera de asegurar su sobrevivencia. Su regla es "busca y busca en el mundo de las ilusiones": busca quién eres, si vales, sobresalir, poder, atención, drama, injusticias, amor, éxito, salud, placer, reconocimiento, propósito… Pero si reflexionamos: ¿Cómo vamos a encontrar la paz en algo que está fuera de nosotros?, nos daremos cuenta de que si fuera así, no podríamos vivir en un estado de paz permanente.

Por ende, nos metemos en el juego del dolor y el placer, representado por satisfactores del ego creados por el entorno, sin reconocer que el sufrimiento es autoimpuesto por nuestros pensamientos e ilusiones irreales. Queremos huir de lo que creemos que nos causa dolor y aferrarnos a lo que creemos que nos da placer del exterior, sin reconocer que este esfuerzo nos aleja de comprender que la vida contiene en sí una satisfacción llena de paz, a nivel más profundo, fuera de este vaivén del exterior.

Al vivir reactivos y condicionados emocionalmente —ya sea felicidad por alguna razón o tristeza por una circunstancia—, nos confundimos y el exterior dicta nuestra respuesta emocional.

Lo que deseamos en todo momento es aceptación por la vida y vivir en amor, y creemos que esto lo lograremos con los reconocimientos del ego. Volvernos el amor mismo es un estado del ser y no del hacer, lograr o conseguir.

La única manera de soltar es reconocer que el ego no tiene soluciones ni la salida a la paz. La plenitud y nuestro reconocimiento de amor están accesibles para nosotros cuando entramos en silencio. Al dar un paso atrás nos reconocemos como parte de un todo en el que nada hace falta y en el que una consciencia inteligente baña absolutamente todo. La conversación egoica pelea en contra de que nos rindamos a esta fuente, porque revela su desintegración.

Todos escuchamos dos voces: la del ego y la que nos conecta con la Verdad, que se alinea a nuestro corazón. La primera es mucho más fuerte y aparentemente tiene la razón. Es la que te propone cómo entender y reaccionar frente a lo que vives, creando la ilusión de que lo que percibes está separado de ti.

En realidad, no tenemos la capacidad de ver nada impersonalmente, no podemos salirnos de nosotros y observar la vida fuera de nuestros filtros: creencias y pensamientos construidos del pasado. Nos relacionamos con el exterior de acuerdo con el significado que nuestros paradigmas le dan a lo que vemos, y muchos de ellos —si nos los cuestionamos— están basados en el ego/miedo/limitación. Con el pasado mental atacamos el presente de manera constante.

Desde la postura del ego, la vida es finita porque su reino es el cuerpo y la personalidad. Su supervivencia está sujeta al tiempo y a las ilusiones mentales. Además, nos hace creer que cargar con opiniones y juicios nos da una identidad, cuando lo único que logra es alejarnos de la consciencia, que nos conecta con la dicha que está presente para nosotros en cada momento.

Cuando soltamos tanto ruido mental descubrimos que el amor y el conocimiento son la misma cosa. Cuando decidimos conocer algo nuevo de una situación, en lugar de imponer opiniones, entramos al territorio del amor y por lo tanto de la sabiduría.

Pregúntate:

¿Por qué veo las cosas como las veo, y para qué?
¿La forma en que veo esto genera los resultados que deseo en mi vida?

¿Esta manera de percibir me lleva a ser quien soy realmente, me lleva a la paz?

Al permitir al ego determinar el camino de tu vida desactivas el poder de la intención para crear en ella los grandes deseos de tu corazón.

A continuación examina las creencias más comunes a las que te invita el ego para alejarte de tu poder interior. Mucha de nuestra cultura está sumergida en ellas y ni siquiera las observa; de hecho, impulsa muchas de ellas:

- Yo soy lo que creo que viví.
- Yo soy mis enojos y resentimientos.
- Yo soy mis creencias.
- Yo soy mis roles.
- Yo soy la víctima de otros.
- Yo soy débil.
- Yo soy lo que tengo o lo que no tengo.
- Mis posesiones o carencias me definen.
- Yo soy lo que hago o lo que otros no me permiten ser o hacer.
- Yo soy lo que logro o mis fracasos.
- Yo soy lo que otros piensan de mí.
- Mi cuerpo me define.
- Estoy separado de todo lo que creo que me falta en mi vida.
- Estoy desconectado de los deseos de mi corazón.
- Vivo separado de la fuente divina.
- Mi vida depende del juicio que tiene Dios de mí.
- Debo complacer.

- Debo pertenecer, agradar y ser aceptado.
- Sufrir es inevitable.
- La realidad es lo que veo en las noticias.
- La realidad es como "yo" percibo la vida.
- Otros tienen la culpa.

El ego no es capaz de trascenderse, porque sencillamente es una ilusión que hay que deshacer para que algo más profundo y poderoso lo reemplace. Se deshace a través de la humildad radical, que evita su expansión. No tienes que destruirlo ni trabajar en él. Lo que hay que hacer es dejar de identificarnos con él como el verdadero Yo.

Cuando el ego te invite a definirte por quien crees ser, cuando te compares, cuando te identifiques con pensamientos de limitación repítete:

Estoy aquí por una razón: puedo conquistar cualquier cosa que mi corazón desee y esto sucede en armonía con el poder creativo del universo.

Ésta debe ser tu manera automática de responder constantemente a la vida, así verás que ella está a tu favor.

En conclusión, se puede decir que el ego es una recopilación de pensamientos e historias que se mantienen juntos por vanidad y miedo. Cada narrativa o pensamiento que crees como verdadero tiene el poder de conformar un segmento del mundo que ves; al alterar tu percepción, modificas tu experiencia del mundo. Todos tenemos la capacidad de dirigir o deshacer el pensamiento, por eso no sólo eres responsable de lo que haces, sino también de lo que decides creer. Al nivel de los pensamientos ejecutas una profunda elección, y las acciones o reacciones que vives después nacen de lo que piensas o de lo que sueltas.

¿EN QUÉ CONVERSACIÓN VIVES?

Se dice que el lenguaje es la morada del ser, pero la mayoría vivimos en conversaciones destructivas. Lo que predomina en la experiencia humana es la dramatización, la exageración, el ataque y la crítica. Esto nos lleva a oponernos ante la vida de manera constante. Es agotador. Para vivir una vida a la altura de nuestros sueños debemos tomar conciencia de nuestro diálogo interno. De las historias en que nos permitimos vivir. Ésta es la causa de muchos de los fenómenos externos de nuestra vida, como veremos a lo largo de este libro.

A veces llegamos a entender otra manera de vivir, por estar hartos del sufrimiento al que sentimos estar sometidos. Poco a poco entendemos que siempre está a la mano la posibilidad de elegir la paz y la armonía que se encuentran ocultas bajo la ignorancia de creer todo lo que pensamos, dándole la espalda a nuestra Consciencia Mayor.

Muchos sabemos que la vida tiene objetivos y responsabilidades por cumplir, pero, a nivel más profundo, convertirnos en personas conscientes del día a día y dar a luz los deseos de nuestro corazón nos arraiga a un propósito más profundo.

Yo por muchos años viví con los ojos pegados al plano físico, tratando de entender quién era en función del exterior. Con muchas inseguridades, angustia y miedo que me llevaban a altas y bajas emocionales. Creí que ésta era la manera "normal" de vivir. Ni siquiera lo cuestionaba porque veía que así vivía la mayoría de personas a mi alrededor.

Acoplarte a una sociedad disfuncional, dar los resultados esperados, complacer y reaccionar ante el exterior de manera constante es lo que nos coloca en una posición de víctima como modo de vida y es como muchos aprendimos a sobrevivir. Cuando somos gobernados por lo que creemos del exterior y de otros, tendemos a mentir, manipular, controlar, pretender y no ser íntegros. Esto queda grabado en nuestro estado de conciencia, y aunque pensemos que les mentimos a otros, el único engaño es a nuestro poder, y a hacernos tan pequeños como las necesidades que creemos tener. Hoy sé que la ruta a la felicidad es completamente en otra dirección. La vida primero se vive en ti y para ti.

Ser honesto, honrar tu palabra, ser auténtico, seguir tu camino, ser congruente, cuestionarte, optar por el silencio y elegir la paz abren la puerta a tu gran vida y el exterior se acomoda a eso. De esta manera vives una vida relacionada con tu intención, alineada a los deseos de tu corazón y en completa libertad. Cuando eliges esta ruta, tu vida florece, tus opciones están abiertas, las personas entran y salen de tu vida sin mayor juicio o reclamo. Tus relaciones son transparentes, sencillas, tu vida profesional camina con éxito y la vida se vuelve una gran celebración. Regresa el sentido del humor a ti y el agradecimiento profundo por vivir. Comprendes que no hay oponente en el juego de la vida; eres tú, frente a ti mismo, en todo momento.

Por lo tanto, para dar un giro importante, aprenderemos con este libro cómo permitir un cambio de conciencia. Ésta es la verdadera transformación que impacta nuestra posición en el juego de la vida. En éste no sólo se participa en lo que llamamos espacio/tiempo o exterior, sino que los movimientos reales tienen lugar dentro, en el campo interno.

El doctor David Hawkins, quien se dedicó a hacer estudios de la conciencia, es una guía invaluable para comprender dicho tema de manera personal. Propone la Tabla de conciencia que muestro en el cuadro 1.1 (también la menciono en *El libro de oro* y en *¡Libérate!*, porque es una guía clara, científicamente comprobada durante más de 19 años en miles de individuos, en la que demuestra, por medio de la kinesiología, que todo en el universo tiene un nivel energético calibrable).

TABLA DE CONCIENCIA

CUADRO 1.1.
Tabla de conciencia del doctor David R. Hawkins

Visión de conciencia	Nivel de conciencia	Frecuencia	Premisa desde la que se vive	Emoción	Experiencia
Ser	Iluminación	700-1 000	Somos uno con el universo	Inefabilidad	Unidad total de consciencia
Omnisciente	Paz	600	Me siento guiado por el universo	Dicha	Iluminación
Uno	Alegría	540	Qué hermoso es vivir	Serenidad	Transformación
Puro amor	Amor	500	¿En qué puedo ayudarte?	Veneración	Visión
Sabio	Entendimiento	400	Estoy bien	Comprensión	Embelesamiento
Misericordioso	Aceptación	350	Doy la bienvenida a:	Perdón	Trascendencia
Inspirador	Buena voluntad	310	Estoy dispuesto(a)	Optimismo	Intención
Facilitador	Neutralidad	250	Está bien si pasa o no	Confianza	Liberación
Decisivo	Valentía	200	Yo lo puedo lograr	Afirmación	Empoderamiento

VERDAD
Contexto de maestría

Integridad\Unidad
Visión

(Continúa en la página siguiente)

(Viene de la página anterior)

	Visión de conciencia	Nivel de conciencia	Frecuencia	Premisa desde la que se vive	Emoción	Experiencia	
FALSEDAD / **Ego**	Indiferente	Exigencia	175	Tienes que hacer esto por mí	Desprecio	Orgullo	**Percepción/Dualidad** / **Sistemas de creencias**
	Vengativo	Enojo	150	Lo que hice/hiciste estuvo mal	Odio	Agresión	
	Negativo	Anhelo	125	Necesito de "x" para estar bien	Anhelo	Esclavitud	
	Punitivo	Temor	100	No hay posibilidad de paz o amor	Ansiedad	Retraimiento	
	Desdeñoso	Sufrimiento	75	No tiene remedio	Arrepentimiento	Desaliento	
	Condenador	Desidia	50	No vale la pena	Desesperación	Renuncia	
	Rencoroso	Culpa	30	No puedo por él, por ella o por mí	Culpa	Autodestrucción	
	Despectivo	Vergüenza	20	No hay suficiente y/o hay algo malo en mí	Humillación	Eliminación	

NIVELES DE CONCIENCIA Y SUS IMPLICACIONES

Me parece interesantísimo que el doctor Hawkins haya descubierto y comprobado que, además de calibrar a las personas y maestros espirituales en la Tabla de conciencia, también se pueden calibrar libros, profesores, compañías, enseñanzas, instituciones, familias y hasta países.

Nuestro campo energético emana una vibración de cierta frecuencia emocional, que se ubica en falsedad (200 para abajo) o verdad e integridad (de 200 a 1 000), como podemos verificarlo en la tabla. Muchos vivimos dormidos ante el reconocimiento de nuestro verdadero poder, y, por lo tanto, en una repetición constante de todo aquello que reforzamos en nuestra limitante conversación. Estas dinámicas y patrones se repiten como puntos ciegos y están presentes a la hora de relacionarnos con los eventos de nuestra vida.

Vivir en falsedad es encontrarte desde el punto de exigencia 175 para abajo en la tabla. Implica experimentar la vida a través de juicios y estar regidos por el ego. Sufrimos porque nuestro poder aparentemente lo tiene alguien o algo fuera de nosotros.

Nos es imposible reconocer que estamos constantemente peleando ante las interpretaciones que hacemos de otros y de situaciones. Creemos que lo que vemos y sentimos es la única verdad y defendemos nuestros puntos de vista que crean nuestra ilusoria identidad. Vivimos atados a lo que creemos percibir.

Para trascender de la falsedad a la verdad, lo que debemos hacer es reemplazar el "yo falso" que creemos ser, por una *visión* en que se experimenta la posibilidad de la libertad que accede a la paz y la aceptación. Cuando decidimos soltar, accedemos a una experiencia ilimitada de nosotros. Todo se transforma y se revela en belleza, orden, amor e inocencia.

PERCEPCIÓN *VS.* VISIÓN

Cuando vivimos de valentía 200 para arriba en la tabla, sustituimos la percepción y la proyección por la visión. Es cuando somos capaces de extender amor, compasión y perdón, ya que vemos con los ojos de la consciencia y no del ego.

Esto permite ver en otros a hermanos; su inocencia interior se revela. Si observamos la naturaleza de la consciencia, podemos decir que la mente de todos es pura por naturaleza, porque no tiene los medios para impedir que la programen. No puede diferenciar la verdad de la falsedad de manera natural.

Lo que sube o baja en la tabla a un organismo o individuo es su nivel de conversación interna y externa. Ésta indica qué tan consciente es de su verdadero poder. Quien se victimiza, se queja, culpa y se ataca a sí mismo y a otros, calibra muy bajo. Vive gobernado por su ego. Quien acepta, está en paz y se responsabiliza de su vida sube en la tabla. Todo esto sucede como un fenómeno lingüístico a través de hacernos conscientes de nuestro diálogo interno, lo que indica que si eliminamos ciertos hábitos de percepción y patrones repetitivos internos, sanamos nuestra conversación personal, y así tenemos la posibilidad de vivir en iluminación por medio de la visión. Para ello debemos comprender que en el universo no existe la culpa ni la victimización, sólo en la mente como una elección.

La mente es la fuente de todas nuestras experiencias. Ésta es ilimitada de consciencia y poder creativo, por lo que es importante estar consciente de los pensamientos y creencias que viven en ella. Para restaurar la mente a su máximo potencial y expandir nuestra visión, es importante transformar nuestros pensamientos y creencias. Cualquier cosa que aceptes en tu mente tiene realidad para ti. Es tu aceptación la que lo hace real. Si liberas tu mente, experimentarás un mundo liberado.

LA IMPORTANCIA DE LOS NIVELES DE CONCIENCIA

El descubrimiento de la distribución de los niveles de conciencia en la humanidad es significativo, y explica gran parte del comportamiento humano a lo largo de la historia.

Esto expone la forma en que millones de seres humanos, generaciones y culturas, incluso continentes enteros, han sido manipulados hasta su propia destrucción. Inmersos en la falsedad (en la conversación que nos coloca en la parte superior de la tabla), no operamos desde la elección, sino desde la reacción: mecanizados y robotizados por la programación cultural y social.

Esto ha significado que sólo 4% de la población mundial alcance el nivel del amor de 500, y únicamente 2% llegue al nivel de 540 o amor incondicional. Uno de cada 10 millones de seres humanos (0.000001%) ha logrado el nivel de conciencia de iluminación (sentirte uno con todo, sin necesidad de atacar, sólo extender amor y compasión).

El trabajo de conciencia del doctor Hawkins detalla 15 estados de conciencia y cómo éstos impactan nuestra experiencia de vida. Su objetivo ha sido identificar la limitación inherente de la mente humana cuando se apega a fenómenos de falsedad, y ayudar a su evolución.

Quien se despoja del engaño de la programación preestablecida por conversaciones de ego se conecta con lo verdaderamente *normal*, y es entonces que vive libre de negatividad. Brota una alegría natural y el deseo de amar la vida se vuelve la constante.

El 78% de la población mundial, según el doctor David Hawkins, vive en una percepción basada en distorsiones creadas por perspectivas que generan estados alterados de conciencia, algo parecido a un estado hipnótico constante. Esto significa que sólo 12% de la población vive por encima del nivel 200, lo que indica que la mayoría de los seres humanos vive sumergida en una inconsciencia que resulta en reacciones y comportamientos que tienen consecuencias hoy en día en nuestro entorno.

Cuando vivimos en estados de energía baja nos volvemos adictos a sensaciones como culpabilidad y miedo. El cùerpo requiere saciarse de los químicos que estas emociones crean como un desbalance biológico. Al vivir así, resonamos con campos energéticos del exterior que se ordenan con esta misma energía de baja vibración.

LA RESONANCIA Y LA DUALIDAD

La física cuántica nos explica que similar atrae a similar. Como un imán, hacemos resonancia con lo que está energéticamente ordenado en el mismo nivel de energía en que nos mantenemos. Estos campos energéticos pueden ser personas o situaciones.

La resonancia se refiere al efecto de gravitar hacia aquellas experiencias acordes con la información emocional sostenida en pilares, presente en nuestros condicionamientos inconscientes. Cuando vivimos percibiendo un mundo dual, pensamos que aquello que experimentamos tiene una causa en el exterior, sin reconocer que *como* vivimos las experiencias determina el resultado de la resonancia que emanamos, además de que esta información construye la manera en que observamos el mundo y lo que determinamos como *la realidad personal*.

Cuando la vida se vive desde una identidad separada dominada por un "Yo falso" se crea una visión dual, y esto genera que observemos lo que ocurre a partir de la mala suerte, de un mal karma, un culpable, etcétera.

Cuando estamos gobernados por juicios o creencias, nos vemos a nosotros mismos como un personaje separado de otros y de las situaciones, a esto se le llama dualidad. La mente percibe una realidad dividida en contrastes y el ser humano participa ante un mundo con el que cree no tener relación directa.

En la no dualidad o advaita, como le llamaban en la antigüedad, sustituimos la idea de la separación al reconocer que todo el universo vive en nuestra mente, y todo vive unido a la Mente Mayor o Verdad. Nada está separado de nosotros, porque estamos en relación con todo, ya sea a través de nuestros pensamientos, percepción, visión o proyección. Todo vive y tiene un significado que es generado en todo momento por nosotros. La experiencia de vivir sucede en nuestro interior. La percepción sirve para tratar con la forma, mientras que la visión observa más allá de la forma y nos apoya para trascender las vivencias del plano físico.

> La vida que experimentamos está íntimamente relacionada con la programación de nuestros pilares o con la libertad de nuestra consciencia.

ESPIRALES DE LOS PILARES DEL SER

En la figura 1.3 vemos la representación de los espirales como los Pilares del Ser, que describo con detalle en el libro *El arte de conocerte*. Éstos son el conjunto de declaraciones, creencias, cultura, pensamientos, cuerpo emocional y lenguaje que operan de manera diferente en cada uno de nosotros, creando nuestra visión del mundo. No vemos la realidad neutral, sino que nuestros pilares se reflejan en el plano físico y esto establece nuestro estado de conciencia.

FIGURA 1.3. *Espirales de los Pilares del Ser*

Declaraciones

Pensamientos

Lenguaje

E
Emociones

Cultura

Creencias

Cuerpo
Emocional

Las **emociones** son el
pegamento de los
pilares.

Pilares del Ser:

- Declaraciones
- Creencias
- Cultura
- Pensamientos
- Cuerpo emocional
- Lenguaje

Información con la que nos
relacionamos en el exterior.

LAS EMOCIONES COMO EL PEGAMENTO
DE LOS PILARES DEL SER

En el presente libro me refiero a las emociones que han quedado como memoria sensorial y como un recurso recurrente en nosotros sostenido por los Pilares. Debido a la interpretación que les dimos en el pasado a los hechos, hoy en día experimentamos emociones de dolor, resentimiento, tristeza, culpa, odio, desesperación, etcétera, como si no pudiéramos deshacernos de ellas, porque tales emociones viven atadas a discursos disfuncionales del pasado que creemos reales. Se vuelven sensaciones encapsuladas que sostienen como pegamento la información con la que nos relacionamos en el presente y lo que tiene condicionado nuestro futuro. Si no modificamos la información que hemos fijado dentro de nosotros de manera inconsciente, estamos atados a estas emociones en nuestra interacción con el futuro, como lo muestro en la figura 1.4.

FIGURA 1.4. *Tiempo cuántico*

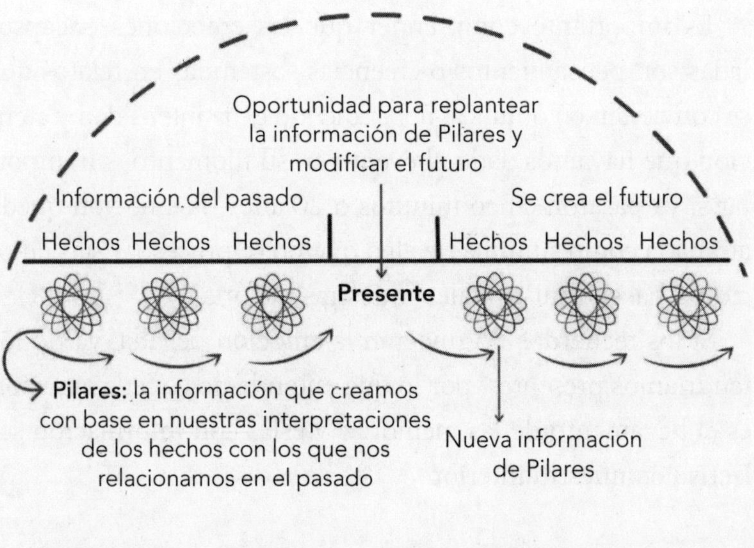

Oportunidad para replantear
la información de Pilares y
modificar el futuro

Información del pasado   Se crea el futuro

Hechos Hechos Hechos | | Hechos Hechos Hechos

Presente

Pilares: la información que creamos
con base en nuestras interpretaciones
de los hechos con los que nos
relacionamos en el pasado

Nueva información
de Pilares

LA INFORMACIÓN INTERIOR
Y LAS EMOCIONES

Lo que esta figura nos indica es que el presente es el portal para indagar acerca de la interpretación que dimos a los hechos o vivencias del pasado por medio de narrativas. Ésta se queda grabada en nosotros a través de los Pilares y sostenida por el cuerpo emocional.

Lo interesante es que en el presente muchos de nosotros tomamos como único recurso para relacionarnos con el exterior esta información establecida en el pasado, por lo que nos relacionamos con información infantil, inmadura o poco efectiva frente a la realidad.

Cuando damos un clavado interior y transformamos, soltamos, lloramos o replanteamos dicha información creada en los Pilares, modificamos de manera drástica nuestro futuro, posibilidades y crecimiento humano, ya que, al relacionarnos con nueva información interior, cambia lo que es posible ahora y cómo recibiremos el futuro.

Es importante comprender que las emociones encapsuladas son pensamientos o creencias sostenidas en relatos que se convierten en química; dependiendo de la intensidad y atención que hayamos dado al evento en su momento, sin importar si ya pasaron cinco minutos o 20 años, la emoción queda atrapada como síntoma de algo que no se procesó. Estas emociones hacen sentir "reales" nuestras historias.

Si los recuerdos no tuvieran la emoción pegada, ya no los tendríamos presentes, por lo que entendemos que la emoción es el pegamento de las memorias y éstas son información selectiva en nuestro interior.

Permítete llorar las emociones encapsuladas que tengas del pasado y suelta todo lo que cargas. Es muy confuso sentir algo y decidir que *no* queremos vivirlo en este momento: es rechazar el presente de manera inmediata. Al recibir nuestras emociones, nos ponemos en armonía con el ahora. Al estar de frente a nuestros sentimientos de una vez por todas los dejamos pasar por nuestro sistema para que se evaporen de nosotros. Al permitir que pasen, nos damos cuenta de que no debemos temerles y de que podemos sentir y estar en amor simultáneamente.

A lo largo de mi vida luché por años en contra de lo que sentía: traté de dormir mis sentimientos con alcohol, pastillas, compras, trabajo, fiestas, etcétera. Los sentimientos rechazados se hacían cada vez más fuertes, se convertían en síntomas físicos, y mi miedo a ser yo y a sentir crecían. Le tenía pavor a no saber hasta dónde podían llegar mis emociones y a no poder soportar la angustia, el miedo o la depresión. Culpaba a todo y a todos de manera constante. Era la reina de las telenovelas. Vivía estacionada en la falsedad, lo que me hacía vivir con una sed desértica de paz y de permitirme responder a los deseos de mi corazón, que estaban hasta el final de mi lista o ni siquiera los escuchaba. Mi vida era acerca de mis miedos y depresiones.

Sané hasta que dejé de huir de mí, hasta que decidí:

Mi cuerpo es sabio. Me pide que sienta algo y, por lo tanto, ahí hay algo que ver. Aprendí a entrar desde la curiosidad y no desde el juicio de: esto no debe estar pasando; además, hice profundas sesiones queriendo ver y sentir todo. Lejos de evadirme, quise estar. Mi finalidad no fue tratar de

comprender de modo intelectual —porque la mente sólo en-
cuentra razones para las tristezas, a la vez que suma ideas
y suposiciones que nos enredan más—, sino de quedarme
únicamente con lo que aparecía en cada momento desde la
humildad, recibirlo, llorarlo si era necesario y vivir en cada
instante lo que surgiera como un privilegio. A lo mejor hoy
lloro por la humanidad que no se permite sentir como yo,
pero da igual, lo importante es soltar.

Pregúntate:

¿Qué no me he permitido expresar, o no he permitido que
otros expresen?
¿Qué no me he permitido sentir?
¿Qué no acepto de mi pasado?

Al dar la bienvenida a lo que es, invitamos al autodescubrimiento y nos ponemos en armonía con el universo. La honestidad se vuelve nuestra gran compañera. Lejos de hacer
dramas, nos sensibilizamos y usamos las emociones para tocar
el hermoso instrumento que es nuestro cuerpo para echar a
andar nuestra creatividad, la cual necesita todo tipo de sensaciones para sentirse viva. También podemos recurrir a nuestras
emociones para saber cuando algo va de la mano de nuestra
integridad o cuando debemos cambiar de ruta. Si tenemos el
cuerpo emocional empañado de mucho drama o de pasado,
saturamos lo que sentimos y nos alejamos de la posibilidad de
usar las emociones como guías de nuestro gran camino. Por
ejemplo: un enojo arrastrado del pasado, y proyectado a una
relación en el presente, es disfuncional y altera la capacidad de

madurar y vivir en comunión con otros. En este caso el enojo está atado a información interior y sería importante trabajarlo para abrir posibilidades en el futuro.

Cuando vivimos atados a enojos del pasado a veces estamos tan cargados emocionalmente que no distinguimos incomodidades funcionales de nuestro interior, que nos indican que es momento de dejar una relación, cerrar un ciclo o hacer un cambio. Las emociones pueden ser una invaluable brújula en nuestra vida si no vienen del drama, sino de la consciencia.

Muchas de las emociones que se quedan estancadas en nosotros son por no encontrarnos capaces de aceptar situaciones vividas y esto se vuelve el eje de nuestro sufrimiento.

Pregúntate:

¿Reconozco que al no aceptar algo me quedo enganchado con esa vivencia?

El ego nos hace creer que debemos cambiar la realidad externa para adecuarla a caprichos, aspiraciones y expectativas; lo sabio es modificar la interpretación que hacemos de los acontecimientos. Si la historia del hecho nos deja sufriendo, habremos caído en las redes del ego; pero si aceptamos o incluso nos da satisfacción, bienestar o armonía, tocamos nuestra sabiduría.

Las emociones humanas pueden entretejerse con una identidad personal. Cuando esto sucede dejan de comportarse como emociones y se convierten en nuestro tono emocional. El amor te convierte en una persona amorosa, mientras que la vergüenza te convierte en alguien que se siente avergonzado de sí mismo.

Si a lo largo de tu vida te has relacionado desde tus emociones limitantes, ahora es el momento de explorar otra posibilidad. Si no experimentas soltar, no estarás en contacto con tu verdadero ser, seguirás creando vivencias que no te satisfacen y no sabrás de lo que eres capaz.

Los yoguis llaman samskaras a las cicatrices emocionales, las describen como huellas o impresiones sutiles de vivencias pasadas que habitan en nosotros y alteran nuestro cuerpo. Éstas condicionan nuestro comportamiento, reacciones futuras, el uso del lenguaje y la visión del mundo. Fungen como activadores o catalizadores de la conducta humana. En la antigüedad, en los textos indios, hablaban de la teoría del samskara, explicando cómo y por qué los seres humanos recuerdan cosas, así como el efecto que tienen estas memorias en relación con nuestro sufrimiento: limitan la felicidad y la alegría.

Ahora entendemos que el estado de conciencia de cada uno está íntimamente relacionado con los Pilares, que a su vez se sostienen con el pegamento de las emociones. Como ya comenté, una vez que *sientes* algo como real, crees que por sentirlo es la *realidad*. Así, estas emociones o samskaras se viven como una impresión permanente en nuestro estado de conciencia.

Por ejemplo: cuando alguien está sufriendo y sintiendo emociones fuertes y te está contando su historia, es difícil que comprenda que lo que lo hace sufrir es lo que se cuenta. Para el cerebro no hay diferencia entre un pensamiento imaginado y una experiencia.

Si le preguntaras a esa persona: ¿Reconoces que tu sufrimiento es producto de creer el significado que le has dado a *la nada* y que tu emoción es sólo producto de lo que crees que pasó? Aunque suena extremo, entender esto nos abre la posibilidad de cuestionar que usemos las emociones encapsuladas como consejeras para relacionarnos con la vida y con otros, y nos invita a plantearnos: ¿Qué significado le doy a lo que creo ver y experimentar? ¿Justifico mis reacciones por mi estado emocional alterado?

Si trabajas en lo que sientes y te encuentras en un espacio interior emocionalmente de enojo, frustración o dolor, permítete hablarlo, sentirlo y transformarlo cuando te sea posible. Si vas a hablar con otros, habla acerca de ti, de cómo te sientes. Pregunta al otro cuál ha sido tu participación: si te quedas en sólo culpabilizarlo, dejas fuera la toma de responsabilidad de ver tu intervención en la dinámica. La víctima no aprende, sólo se defiende. Es más efectivo enfocarte en las peticiones que deseas hacer dentro de esta situación, en los límites que quieres poner, y sé claro con lo que te funciona y lo que no. Usa lo que sientes para diseñar tu vida y como guía interior. Donde hay comunicación hay paz.

Evita crear antagónicos, víctimas, culpas, sal del bueno y el malo, no ataques y termina la situación en tu mente en cuanto te sea posible para comprometerte con tu silencio interior.

EL UNIVERSO RESUENA CON LO QUE SIENTES

Tus relaciones humanas, por ejemplo, no están ahí por casualidad, sino que están en tu vida por *resonancia*. Los que aparentemente te hacen reaccionar son los que te muestran tus creencias limitantes. Esto se observa como una aparente dualidad de "Yo y el Otro", pero no es así, están siendo sólo un espejo de tu interior.

Tienes dentro de ti el gancho que te sujeta. Al dejar de señalar y de criticar, se entiende que mucho de lo que ocurre en la vida está en resonancia con tu interior. Al luchar contra lo que observas fuera, no sólo no desaparece, sino que, por ley, se refuerza.

Lo importante es tomar las vivencias como la oportunidad de conocernos a nosotros mismos. De esta forma podemos elegir ver la resonancia como un recurso de autoconocimiento en nuestra vida, permitiéndonos tomar conciencia de la programación, y observar cómo ha gobernado nuestra experiencia de vida. Así damos un primer paso a nuestra transformación.

Al ser la mente el proyector, y el plano físico la pantalla, lo que observamos como la "realidad", en la gran mayoría de las ocasiones, no lo vemos neutral, y tampoco observamos una realidad objetiva. Normalmente nos relacionamos con la información construida y reforzada en los pilares individuales de cada uno.

Al volvernos responsables de nuestra vida y al hacer conscientes nuestros pilares soltamos la idea del control y lo sustituimos por una profunda confianza que nos permite diseñar aquello que es funcional y poderoso para vivir desde la *consciencia despierta*, misma en la que al dejar de quejarnos, de dudar, y por medio de momentos de silencio, encontramos las respuestas ante lo que se presenta en el día a día, haciendo resonancia con la sabiduría interior y viendo esto reflejado en el exterior.

CUANDO TÚ CAMBIAS TODO CAMBIA

Para hacer un cambio radical en nuestra vida debemos *desencuerpar* un estado de conciencia con todo lo que éste ha creado:

creencias, lenguajes, tipo de pensamientos, estados emocionales, condiciones de vida, etcétera, con el fin de renacer en otro estado que genere lo que ahora deseamos.

Al llegar al nivel de conciencia 500, lo aparente se vuelve progresivamente menos útil y se convierte en un impedimento para la paz. Las cualidades del amor están más allá del mundo de la percepción. Lo que en este mundo se vive como algo desafortunado puede experimentarse ahora como algo que podemos trascender a través de la elevada conciencia de la visión.

> "La disolución de la dualidad es el regalo último, pues disuelve el sufrimiento. En la no dualidad, éste es imposible."
>
> DOCTOR HAWKINS

En la tabla, la valentía 200 es donde comenzamos a discernir la verdad de la falsedad y deshacemos el ego. Los niveles inferiores son dolorosos, por eso muchos nos sentimos impulsados por un deseo de comprensión profunda y crecimiento interior.

Las personas que calibran superior a 600 en la tabla viven en tal integridad que su vida se convierte en su legado. Los grandes maestros espirituales que han existido han calibrado dentro de la verdad en la tabla.

En este libro propongo soltar los juicios atados al miedo y la limitación, así como los sistemas de creencias con todos sus contrastes y opuestos, para ser sustituidos por la sabiduría que requiere cada situación o momento. Vivir en Verdad como estado de conciencia habla de que ya no estamos arraigados en ningún sistema de creencias limitante. El poder regresa a nosotros, ya no nos vemos separados de otros o de situaciones. Entendemos que nuestra participación ante lo exterior habla de nosotros mismos, por lo que se desvanecen los antagónicos y el juego psicológico de percibir buenos y malos, personas correctas o incorrectas.

Se elimina la necesidad de condenar, atacar, humillar, pelear, etcétera; el enfoque está en el encuentro de soluciones.

En la Verdad reconocemos que todo varía según nuestra elección, y reconocemos que podemos distinguir entre percibir o ver las situaciones más allá de lo que aparentan. Ya no tratamos de comprobar que es real por lo que vemos o sentimos, sino que somos capaces de ver la inocencia y, en consecuencia, el perdón surge de manera natural.

Al replantear o deshacer los juicios de lo vivido se abre la posibilidad de dejar ir el resentimiento y de esta manera se erradica el sufrimiento que generan los recuerdos.

EL PERDÓN COMO PRÁCTICA DIARIA

La necesidad del perdón es generada por una memoria que se basa en lo que decidimos creer de una vivencia. Dejar caer estos recuerdos que sostienen nuestro sufrimiento nos abre la puerta a la serenidad.

La mayoría de los seres humanos prefiere sentir que tiene la razón con lo que carga, que elegir la paz, a la que se le observa como un estado apático y sin valor. Sólo viviendo el perdón como práctica, es decir, deshaciendo la tendencia de vivir en el pasado, podemos eliminar los efectos que éste tiene en el presente. El perdón sucede cuando aceptamos el hecho de que no pudimos haber tenido otro pasado, cuando somos capaces de dejar de tratar de entender y nos permitimos experimentar el misterio de las vivencias, lo cual abre el aprecio por *vivir*.

El fin de un perdón real es disolver la postura de víctima dentro de nuestra mente, que se erradique la posición pequeña y minimizada de nosotros mismos, con el fin de que actos de otros no definan nuestro estado de gracia, identidad o grandeza. Si no permitimos esto, nos volvemos víctimas de nuestras historias y, más aún, nos volvemos ellas. Vivimos por *default* en falsedad.

En el perdón real ponemos límites, somos auténticos, hablamos claramente, decimos lo que se tiene que expresar, no basados en historias, sino en hechos, nos sostenemos dignos, desde una postura de entereza, y de amor, sin necesidad de reprimir nuestros sentimientos, permitiéndonos fluir, y alineándonos a nuestra integridad interior y, finalmente, dejándolo atrás como el pasado que ya no existe.

Es importante estar atentos a que nuestro perdón no vaya de la mano del ego, cuya finalidad es hacernos creer que somos los buenos (lo que es sólo un rol para que aparezca un malo) o quitar la responsabilidad a alguien de sus actos.

Nos debilitamos al querer aparentar bondad. Es importante poner las fronteras necesarias, pero con un corazón en paz. Nuestro verdadero poder nace al vernos a nosotros y al otro de una manera neutral; es decir, que podamos vivir frente a nosotros mismos y a los demás relacionándonos más allá del juicio de lo ocurrido.

No has perdonado cuando aún sientes resentimiento. Cuando en la mente existe "un oponente". No has podido observarte separado de tu historia, y tu personalidad se ha entretejido con ella. Crees que eres lo que viviste y tu carácter se ha moldeado a ello.

Lo que sucede es que sostenemos a la persona que no perdonamos como un prisionero en nuestra mente, uno que hay que castigar. No reconocemos que todo este juego es una dualidad psicológica que altera nuestro estado de conciencia. Tampoco somos honestos, porque la razón más profunda de darle ese poder a otro es para tener a quién proyectarle la justificación de no hacernos responsables, o para tapar lo que no deseamos ver. Es más "fácil" que alguien más sea el culpable, que trabajar en uno mismo.

La mayoría caemos en ver al otro como *equivocado pero perdonado*. Esto nos pone en una posición de "yo estoy en lo correcto" y por lo tanto *soy mejor o tengo superioridad moral*. Lo ideal es conquistar un espacio en el que podamos ver la esencia de esa persona, y observar que sus reacciones o actos vienen gobernados por el miedo y la inconsciencia.

Para la mayoría de nosotros es un reto perdonar cuando nos sentimos "abusados", "lastimados" o "traicionados" por alguien. Si tu pensamiento es "yo no puedo perdonar esto que me sucedió, yo no lo merecía", seguramente tienes *la razón desde tu punto de vista y desde una posición cultural o moral*. Pero qué tal si te regalas el bajar lo sucedido al corazón, ya no tratar de entenderlo racionalmente…

En realidad, no es necesario hacer algo específico para perdonar más que soltar; existe un espacio dentro de ti que vive permanentemente unido a la Verdad espiritual. En este aro interior el perdón ya sucedió. Es decir, al permitir alinearnos al estado de gracia, siempre presente, sólo es necesario dejar caer los juicios, para que tu estado de conciencia empate con el perdón que ya vive en ti, alineado a la Verdad. Podríamos decir que el perdón en una parte de ti ya sucedió. Permitir esto te ofrece todo lo que deseas: paz, poder, libertad y trascendencia. Perdona el pasado y déjalo ir porque éste ya se ha ido.

Dar y recibir son lo mismo. Las ilusiones sobre ti y el mundo son una, es por esto que todo perdón es un regalo para ti. Los que perdonan abandonan las ilusiones mentales. Por otro lado, amarte a ti mismo es sanarte. La sanación es el efecto de las mentes que se unen. La enfermedad proviene de mentes que se separan, por lo que perdonar es curar.

Tu mente te va a dar todas las evidencias de por qué tu situación es imperdonable, pero ahí no vas a encontrar salida. El perdón requiere de tu voluntad. Cuando lo decides, te demuestras que eres capaz de corregir tu mente, te sabes apto para trascender lo vivido. Es entonces cuando la inteligencia espiritual invade tu ser y todo es posible.

Por otra parte, esto erradica la posición de víctima. La Verdad te alinea con una visión expansiva e invita a la Mente Mayor a guiarte. Por lo tanto, en vez de percibir, invitas a la visión que observa más allá de los cinco sentidos, y cuando vives en la Verdad sólo deseas tu libertad interior.

En este punto, la Mente Mayor y el hombre se encuentran.

EL ERROR DE LA RECTITUD

Si has sentido enojo por una situación vivida, agradécelo como algo sano. Gandhi decía: "Ve el enojo como la gasolina para el cambio". El siguiente paso es usar nuestra sabiduría y madurez para emplear esta energía como un impulso para construir algo nuevo, alerta de no caer en violencia o destrucción.

Existe una trampa en la que muchos vivimos y se relaciona con el perdón; es un fenómeno creado por la rectitud mental. Si estamos atrapados en este lugar, generalmente creemos que los códigos morales que sostenemos son lógicos, racionales y universalmente correctos. En realidad, estudios muestran que estos juicios son sostenidos por emociones, reforzados por la cultura. Cuando justificamos nuestro ataque interior, fácilmente puede convertirse una posición destructiva en el exterior, y al vivir experiencias de esta índole estamos gobernados por la mente de la rectitud y su gasolina es el enojo. Nos alejamos de la suavidad, el perdón y la posibilidad de conciliar.

Define si esto vive en ti: ¿Ves a otros como inhumanos, inferiores, equivocados, ignorantes, despreciables, injustos, incultos o soberbios?

Entre más severos son nuestros juicios, provocamos mayor violencia interior que impulsa la rigidez con la que nos relacionamos. (También puede ser un gobierno, un presidente o un movimiento social.)

Ejercicio:

1) Escribe una carta con todo el enojo y la frustración que tengas presentes en el momento. Dirígela a la persona por quien sientes esto, dile lo que piensas, lo que le sugieres y por qué crees que está mal.

2) Ahora imagina que recibes un mensaje dirigido a ti y lee la carta que escribiste.

3) Observa cómo todo lo que te mantiene atorado es la rigidez con la que juzgas; es violencia que está sostenida en ti, aunque crees que pertenece al otro.

4) Replantea tu carta de manera que te salgas de la rigidez de la rectitud y puedas abrir tu corazón a un nuevo entendimiento. Desde la violencia interior te mantendrás a ti como prisionero. La integridad y la verdad interior son la única salida a estos círculos disfuncionales.

Cuando estamos dispuestos a sacar el ego de nuestras relaciones, todo cambia.

VIVIR EN INTEGRIDAD

Integridad en este libro no se refiere a una cualidad moral, sino al significado que deriva del origen latino que se refiere a estar "intacto", entero, no tocado o no alcanzado por un mal. Se refiere a vivirte como un ser completo, sin divisiones.

Cuando nos separamos de nosotros mismos al vivir en falsedad, abrimos la puerta a nuestra desintegridad; lo hacemos al mentirnos de manera inconsciente. Podemos reconocerlo porque nos sentimos tristes, desorientados, enfermizos, de mal humor, desmotivados y constantemente enojados. El sufrimiento te indica que has tomado una ruta fuera de la integridad interior y de tu aro de la Verdad, que es el alineamiento con la honestidad personal y los deseos propios, es decir, lo que te alinea a una vida auténtica.

Existen tres tipos de mentiras que nos decimos y que nos separan de nuestra integridad o aro de la Verdad:

1) Los pensamientos diarios no cuestionados acerca de nosotros, de otros, de circunstancias del pasado o del futuro, que nos creemos y nos llevan a la guerra interna, a la desintegración de la paz siempre existente.

2) Lo que acordamos de las creencias de la cultura y que resultan mentiras para nosotros, con el fin de pertenecer, ser reconocidos o aceptados. La cultura en gran medida construye los estándares sociales que delinean cómo deben vivir, pensar y actuar las personas. Esto nos lleva a la necesidad de sobrevivir en ella, y a su vez nos separa de nuestros deseos personales y nuestros verdaderos sentimientos.

3) El autoengaño que nos decimos para obligarnos a vivir vidas que no nos satisfacen.

Es importante que reconozcas que la puerta a la integridad es regresar a un espacio dentro de ti, a *tu* aro de la Verdad. Esa puerta que habla de ti, de tus sueños, tus preferencias, tu camino, tu naturaleza única. Cuando te dejas de mentir, cuando dejas de pretender o de complacer, sueltas la necesidad de vivir con esfuerzo.

Al vivir desde tu naturaleza, reconociendo lo que es válido para ti, pones límites y diseñas una vida que probablemente no complace a la cultura, pero llena tu corazón.

Una manera de abrir camino a la integridad para que se convierta en el camino a tu aro de la Verdad es planteándote lo siguiente:

- Mi vida no es lo que deseo.
- No me agrada el rumbo que ha tomado mi vida.

- No me siento bien.
- Estoy enojado.
- Tengo miedo.
- No vivo en paz.
- Mi círculo social no es la tribu que me inspira.
- No sé qué hacer.
- Podría pedir ayuda.
- No soy honesto conmigo.

Estas declaraciones dejan de maquillar la vida. Al atreverte a parar, y sostenerte en cualquiera de estas oraciones para abrir posibilidades, sentirás un descanso. Si es así como te sientes, estarás de frente con lo que es, serás honesto y ya no tratarás de hacerlo funcionar con mentiras sostenidas por "pensamientos positivos", como: "Tengo que hacer funcionar esto", "No puedo expresar lo que siento", "Tengo que cumplir y quedar bien", "No puedo alterar el rumbo que ya tomó mi vida", "No puedo decepcionar o hacer enojar a otros", etcétera, que sólo te hacen pretender y contraponen tu verdadera naturaleza.

Ponerte de frente a lo que sí funciona y a lo que no funciona para ti es el primer paso a la integridad.

Vivir en integridad es la cura de la infelicidad.

Cada decisión y pensamiento (consciente y honesto) que tomamos inclina la balanza hacia el lado del poder y la integridad, y esto transforma el destino de nuestra vida. Las acciones tomadas desde la integridad, no importa qué tan pequeñas parezcan ser, tienen el poder de cambiar tu vida y la del mundo entero. Si estás viajando en el aire, un cambio de un grado en la brújula puede no parecer gran cosa, pero después de un par de horas de vuelo terminas en un destino totalmente diferente. Un grado hace una gran diferencia en la toma de conciencia.

La libertad de elegir, desde una postura consciente, es a lo que debemos estar atentos en cada instante. Segundo a segundo utilizamos el sí o el no en lo que decidimos creer, pensar y quién concluimos ser frente a la vida. Esto genera un impacto en nuestro nivel de conciencia calibrado y en nuestro destino.

El efecto de asumir la responsabilidad de vivir en la Verdad, de 200 para arriba en la tabla, es que aparece disponible un sinfín de posibilidades, se vuelve el trampolín hacia todos los niveles superiores. Vivir en integridad está asociado con aquello que sustenta la vida; apela a nuestra naturaleza superior, unifica, sirve a los demás y brinda una energía ilimitada. Mientras que vivir en falsedad, los niveles inferiores a 200, está asociado con aquello que explota la vida para el beneficio de un individuo o una organización. Divide, debilita, es limitada, apela a nuestra naturaleza inferior, y vivimos apegados al miedo en una actitud constante de defensa o ataque.

Cuando vivimos comprometidos con nuestra integridad existe una expansión interna, y esto tiene un impacto en el entorno. Ser conscientes eleva toda la existencia.

> Cambiamos el mundo no por lo que decimos
> o hacemos, sino como consecuencia de aquello
> en lo que nos convertimos.

Muchos líderes de los que hablo en el libro *Esencia de líder* nos inspiran a tener certeza y confianza, debido al poder de su absoluta integridad y alineación con principios inviolables. El poder de la integridad vive en la veracidad de saber de lo que somos capaces. Una persona que vive en paz crea un mundo brillante. Según el doctor David Hawkins, a quien ya he citado, la integridad es la medida del éxito en todos los ámbitos, es la señal de valor social.

Queda claro cuán veraces somos al alinearnos en todo momento a la integridad. Empresas, comunidades y familias florecerán cuando sus integrantes estén comprometidos con su integridad, ya que se vuelven organizaciones unidas a las virtudes del ser humano y se convierten en uno con el poder universal.

Al vivir en integridad invitas al genio y a la creatividad como los centros de tractores poderosos de alta energía hacia ti. La historia humana es el registro de la lucha del hombre por comprender verdades que a los genios les parecen obvias. El genio es, por definición, un estado de conciencia caracterizado por la capacidad de acceder a patrones de energía de elevada inteligencia. No es una característica de la personalidad, no es algo que una persona "tiene", ni siquiera es algo en lo que te conviertes, sino que eres consciente de ser. El genio es armonía focalizada.

> Integridad es retomar el camino de nuestra verdad, es hacer lo correcto por las razones correctas y del modo correcto.

Cada avance en la consciencia y en la evolución humana se ha producido mediante un salto cuántico de un estado inferior a un armónico superior. Es importante ser íntegro para sintonizar y provocar altos niveles de energía que impacten a la persona y su entorno.

ERES UN GENIO

Los procesos de creatividad y genialidad son inherentes a la consciencia humana. Nos corresponde a nosotros ser íntegros y responsabilizarnos de nuestras mayores capacidades para manifestar maravillas a lo largo de la vida. Reconoce que un genio reside dentro de todos nosotros.

Dado que el genio es una característica de la consciencia, la genialidad también es universal y, por lo tanto, está disponible para todo hombre.

El genio se expresa mediante un cambio de percepción, al alterar el contexto de vida o dejar caer paradigmas. Una vez que soltamos nuestros puntos de vista, lo íntegro es alinear nuestras acciones a nuestro nuevo estado de conciencia, un principio que implementamos en el Proceso MMK, el Instituto que fundé hace más de 15 años, avalado por el ICF, en el que nos enfocamos en el autoconocimiento y la elevación de la conciencia por medio de técnicas y metodologías puntuales.

> Mientras no reconozcas el genio dentro de ti, tendrás dificultad para reconocerlo en los demás; sólo vemos lo que creemos.

El estilo de vida de aquellos a quienes llamamos genios e íntegros es típicamente simple porque sus creencias, palabras y acciones se alinean. Valoran la vida y están comprometidos con la honestidad por sobre todas las cosas, saben que es la puerta a la claridad.

La razón principal por la que muchas personas no reconocen y, por lo tanto, no potencian su propio ingenio, es porque en su mente creen que la inteligencia se mide por su coeficiente intelectual, racional, a través de conceptos sofisticados o la acumulación de conocimientos. Sin embargo, la intuición, la inteligencia emocional, la sabiduría y la creatividad, en unión con la inteligencia universal, aunados a los valores por los que uno vive, son de mayor importancia que el CI. El genio se puede identificar con mayor precisión por la perseverancia y estabilidad en su carácter, la valentía, la concertación, el enorme impulso y la integridad absoluta. Se puede decir que el genio es la capacidad de un grado extraordinario de autoconocimiento y autoconciencia en el ámbito personal. Mirar dentro de uno y vivir desde ahí; más que una técnica, es una práctica personal. Esto no habla de ser perfecto, sino de ser honesto.

> La forma de incrementar el poder personal en el mundo es aumentando la integridad, la comprensión y la capacidad de compasión.

FIGURA 1.5. *La consciencia del ser*

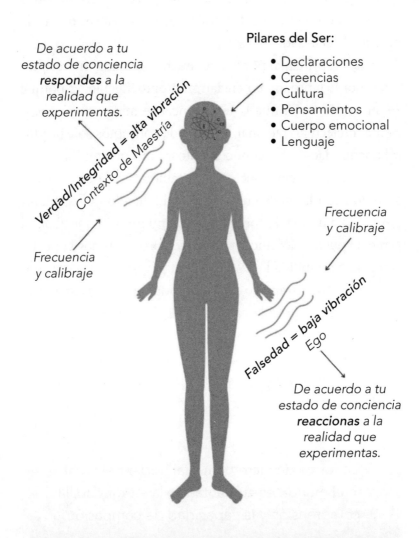

De acuerdo a tu
estado de conciencia
respondes a la
realidad que
experimentas.

Verdad/Integridad = alta vibración
Contexto de Maestría

Frecuencia
y calibraje

Pilares del Ser:

- Declaraciones
- Creencias
- Cultura
- Pensamientos
- Cuerpo emocional
- Lenguaje

Frecuencia
y calibraje

Falsedad = baja vibración
Ego

De acuerdo a tu
estado de conciencia
reacciona a la
realidad que
experimentas.

La información de los Pilares contiene un nivel de
vibración que crea la realidad que experimentas.

LA CONSCIENCIA DEL SER

En la figura 1.5 observamos cómo los Pilares del Ser (los espirales) representan la información creada por las creencias, los pensamientos, la influencia cultural y el estado emocional. Éstos tienen una cierta frecuencia vibratoria, misma que nos lleva a verdad o falsedad, desde la cual creamos nuestra experiencia de vida.

A través de la investigación de los niveles calibrados que se relacionan con la iluminación, se descubrió que no ha existido ningún ser humano que calibre en un nivel de conciencia superior a 1000, y esto se les atribuye a los grandes maestros como Jesús, Buda y Krishna.

Sus palabras, actos y enseñanzas se extendieron desde la no dualidad, la presencia, el perdón y la trascendencia del sufrimiento. Enseñaron con el ejemplo el amor incondicional, la aceptación y el desvanecimiento del ego. Las enseñanzas de estos maestros poseen una calibración vibratoria que se puede discernir fácilmente entre verdad y falsedad.

Hoy en día algunos seres humanos resisten trascender a un nivel de conciencia superior, porque parecen obtener satisfacción en su enojo, su resentimiento, su remordimiento y su interminable autocompasión. Se resisten a entrar en niveles que brindan comprensión, perdón, compasión, amor, etcétera. La negatividad tiene ventajas y es adictiva: nos aleja de tomar responsabilidad y nos pone en pausa.

Hay que dejar ir la justificación que perpetúa hábitos y comportamientos nocivos, porque, aunque es ilógico vivir sufriendo, muchos no conocen otro camino. Hoy te invito a ver un mundo bello, una perfección intensa y el amor como el dominio prevaleciente. Éste es un derecho de todos los seres humanos y es accesible en todo momento. Es una cuestión de voluntad e integridad, como nos han enseñado los grandes maestros.

Respira en este momento. Inhala la posibilidad de incorporar en tu vida el ver y vivir en un mundo esplendoroso dentro y fuera de ti.

DHARMA

El dharma es un alineamiento a la integridad. En sánscrito, esta palabra significa "propósito de vida". Es una norma que plantea que nos hemos manifestado en forma física para cumplir un fin determinado, una misión dentro del plano físico. El campo de la potencialidad pura es la inteligencia en su esencia, y ésta adopta la forma humana para cumplir un propósito en uno y con otros.

Según esta ley ancestral, cada uno de nosotros tiene un talento único y una manera personal de expresarlo. Contamos con cualidades específicas que vinimos a manifestar para contribuir al bien común.

Podemos vivir esquivando nuestro dharma, pero la vida, a nivel más profundo, nos pide que nos comprometamos con él y esto estabiliza nuestra energía para vivir desde la integridad. Si somos conscientes de él, sentimos que nuestra vida se conduce por un sendero de bienestar y hacemos lo mejor posible. Nos libera de comportamientos o estados de ánimo no funcionales que nos puedan atar.

Las grandes enseñanzas dictadas desde la antigüedad a los guerreros en la India afirman que, para ser un buen soldado, la mente es lo primero que debemos entrenar. Hay tres cosas que se deben tomar en cuenta para conquistar el comportamiento mental:

1) El apego
2) El miedo
3) El resentimiento

El apego a nuestros pensamientos y creencias crea una sensación de dependencia frente a lo exterior. Por sentir dependencia a algo, desalineamos nuestro dharma. Nos distraemos de nuestro propósito personal al pensar que necesitamos de alguien o algo para sentirnos realizados. Es necesario cultivar el desapego de la corriente incesante de pensamientos para lograr serenidad y objetividad.

El miedo, por su parte, representa la inseguridad, ya sea financiera, personal, familiar o social. Se manifiesta en conversaciones como: "¿Estará segura mi familia?", "¿tengo recursos financieros para comprar mi comida hoy o tal vez en un mes?", "¿me dejará?", "¿me hará daño?", "¿moriré hoy o mañana?", "¿seré capaz?". Pensamientos como éstos indican alteración mental y emocional, que lejos de llevarnos a acciones efectivas nos paralizan y nos achican frente a lo que vivimos. Son pensamientos cuyo mayor propósito es robarnos la paz.

Finalmente, el resentimiento que se vive como enojo, agresión o ansiedad en el fondo es dolor o sufrimiento no sanado. El que vive atado a estas emociones observa ataques, y necesariamente está a la defensiva. Cuando el guerrero se pierde en la ira, la vida se vuelve personal y acerca del ego.

Es importante liberarnos de las garras de las emociones do-minantes y de los patrones de la mente para enfocarnos en nuestros objetivos a largo plazo. La escucha y los espacios de silencio son vitales. Sin embargo, aislarse no significa salirnos del mundo, sino involucrarnos más en él. Nos ayuda a extender el conocimiento de cada situación, nos aclara nuestro deber, equilibra el estado de ánimo para no empañar la verdade-ra intención de nuestras acciones. El silencio se utiliza para aumentar la conciencia de nosotros mismos, de cómo nos comportamos en diferentes momentos y situaciones. Escu-char nos hace estar siempre abiertos a la retroalimentación, a otros puntos de vista. Se dice que lo que marca la gran dife-rencia en la vida de los seres humanos son las preguntas que nos hacemos. Cuestionarnos cambia cómo vemos las situacio-nes sin necesariamente esperar respuesta. De esta manera, vi-vimos en cuestionamientos abiertos a múltiples respuestas; tenemos a la mano alternativas que nos permiten evaluar antes de ponernos en acción. Es importante indagar para qué quere-mos usar nuestra vida.

Cada nivel al que accedemos nos alinea a una elevación de poder y de claridad acerca de nuestro destino. Se recontextua-liza la información interior con el fin de crear un mapa válido que nos permite un enfoque y una comprensión de nuestro llamado interior.

Lo que en cierto nivel de conciencia parece ser un propó-sito válido, en otro nivel se observa como algo absurdo; por ejemplo: a lo mejor partiendo desde el enojo como estado de conciencia, la venganza o los resentimientos se observan como "normales" y hasta esperados ante ciertos hechos, pero desde la aceptación o la paz como estado de conciencia, esas mismas respuestas no son concebibles ni atractivas frente al mismo hecho.

En un nivel, el reforzar la idea de antagónicos y buscar tener la razón es la preocupación principal y el motivo de guerras, destrucciones y conflictos. Desde otro nivel, todas estas discusiones parecen absurdas e ingenuas, y forman parte de la programación cultural y de un sistema de creencias sostenido por ideas moralistas y por el ego. Para alinearnos a nuestro dharma debemos despejar los obstáculos interiores que absorben nuestra energía con el fin de integrarnos y seguir nuestro camino.

¿Qué aprendimos en el capítulo 1?

- En este capítulo comprendimos que vivir en consciencia es despertar de la falsedad a la Verdad. Cuando dejamos de mentir, terminamos de pretender y salimos del sufrimiento, accedemos a nuestro poder para actuar de maneras eficientes en nuestra vida y el entorno y accedemos a la consciencia siempre presente para dirigir el camino de nuestra vida.
- Exploramos la percepción como la mirada desde los Pilares, la dualidad, la desintegridad y la separación; es observarnos desde la postura del "Yo", el mundo y los otros. Es traducir lo que vemos en función de la limitación y los programas aprendidos. Por ley reaccionamos porque operamos desde sistemas de creencias basados en el miedo y la influencia cultural dominante.
- Aprendimos que la programación nace de los mandatos culturales, sociales, de los medios de comunicación, la

influencia familiar, la religión, etcétera, que absorbimos desde niños y que hoy en día piensa y cree por nosotros de manera inconsciente.

- Vimos que el ego es un sistema de creencias basado en el miedo, que provoca la defensa y el ataque mental, altera nuestra identidad y vivimos creyendo ser el cuerpo y la personalidad, ya que en estos dominios opera el ego.

- Exploramos la diferencia entre vivir en falsedad y Verdad, basados en la Tabla de conciencia del doctor David Hawkins. La verdad tiene que ver con la integridad, la no dualidad, la visión, el amor vs. la percepción. Nos enseña el acceso a estados de conciencia que permiten la resolución de conflictos interiores y, por lo tanto, también de los exteriores.

- Entendimos que la resonancia es hacer espejo, o mimetizar con situaciones o personas porque cargamos información similar en nuestros pilares, que muchas veces no reconocemos en nosotros. Sucede al permanecer en situaciones no funcionales o fuera de nuestra integridad porque tenemos creencias que nos mantienen ahí. Cuando elevamos nuestro estado de conciencia, ponemos límites o desvanecemos situaciones y así rompemos la resonancia, porque ya no empata con nuestro diálogo interno.

- En este capítulo hablamos de las emociones alteradas que fomentamos en nosotros al no transformar la información creada en el pasado por los Pilares. Las emociones son el pegamento de esta información, y cuando bañamos el presente de emociones encapsuladas del pasado, reaccionamos en el hoy desde posturas emocionalmente alteradas. Cuando vivimos con el sistema nervioso dominado por emociones del pasado dejamos de escuchar sentimientos válidos que requerimos como ruta de lo que deseamos y lo que no.

- También hablamos del perdón como una memoria selectiva del pasado que nos tiene en modo víctima. Al soltar los juicios de las memorias accedemos a la valentía como estado de conciencia para movernos de lugar, esto invita a reconocer nuestro poder y volver a la integridad.

- Comprendimos que la integridad es el estado en el que nos reconocemos completos, "intactos", en unión con nosotros mismos y con la inteligencia universal. Para ello requerimos ser honestos y reconocer en qué nos mentimos. Al soltar los apegos a las exigencias de la cultura reconocemos nuestra naturaleza única y los deseos de nuestro corazón.

- Al alinearnos a nuestra integridad conectamos con el genio que vive en cada uno de nosotros, no como algo que sumamos del plano exterior, sino como una característica intrínseca en el ser humano en la que un entendimiento mayor florece simplemente por permitir la conexión con la inspiración y la Mente Mayor.

- Concluimos hablando del dharma, que se sostiene en la creencia de que los seres humanos venimos a plasmar en el plano físico una intención mayor, que tiene que ver con servir a través de nuestros talentos, los deseos de nuestro corazón y las características únicas de cada persona.

Capítulo 2

Salir de la confusión

El ser humano comienza su alteración interior a través de la programación inculcada en nosotros desde pequeños basada en creencias y pensamientos. Esto nos lleva a sostener historias, un pasado o circunstancias recurrentes. Crea identidades falsas a través de las cuales comenzamos a experimentar la vida. Todo esto sucede en nuestro lenguaje interno. Éste es un punto crucial de entender, ya que provoca el vernos separados de otros a través de nuestros juicios, que crean roles e identidades mentales, sociales y psicológicas que sustituyen a quien realmente somos: nosotros y otros. Poco a poco nos olvidamos de nuestra consciencia original y nos integramos al mundo de las ilusiones mentales que nos invitan al sufrimiento. *Tú y yo* se convierten en la gran mentira de la narrativa interna.

Para comenzar a deshacer esta confusión debemos vislumbrar cómo nuestros pleitos con otros requieren de nuestra construcción mental, y son producto de la percepción limitada. Comenzamos a despertar cuando reconocemos que lo que creemos ver no es más que significado sobre significado, cargado de conceptos heredados y aprendidos, sostenidos por cargas emocionales. Esto necesariamente nos separa de las absolutas posibilidades que existen en todo momento. Cuando nos relacionamos con historias creadas y sostenidas por nosotros, la vida se vuelve acartonada, aburrida y repetitiva.

Es importante comprender que el mundo nace de tu propia mente. Por lo tanto, si por un tiempo te comprometes al estado de conciencia de gratitud infinita, sentirás ganas de dar y permitirás que otros te den. Esto es abrir la puerta a la experiencia de la generosidad, que es el antídoto para los cuentos mentales. Dar es darse a uno mismo, y es importante reconocer en este punto que el amor que retienes también lo retienes para ti mismo. En el universo, el dar y recibir se dan de manera natural.

Hoy conéctate a través de una respiración profunda, con los ojos cerrados, al campo del que en verdad nunca has estado separado, en el que la carencia no existe, porque todo es tuyo. Siente cómo no hay separación alguna en el universo.

Todos vivimos con acceso a la inteligencia universal en todo momento, de la cual surge la sabiduría y los regalos interminables que nos da la vida. Para acceder a ellos, debes estar dispuesto a vivir cuestionando tus limitaciones aparentes. Ponte por un segundo unos lentes que te inviten a ver el mundo material como espacio de infinitas posibilidades... reconoce por un instante todo como un lienzo blanco, un espacio vacío en el que todo es para ti. Respira esta libertad.

EL NO SABER ES LA PUERTA A LA LIBERACIÓN

El principio es: no hay nada que saber, ni nadie que lo deba saber.

Si hoy te sientes solo y buscas amor, reconocimiento o aceptación, aprende a darte aquello que exiges a otros. El monje vive solo, la palabra misma representa "el que vive en soledad", pero es que en realidad todos vivimos solos, porque somos parte del todo y de la nada al mismo tiempo.

No hay un hogar específico para la plenitud. La llave para acceder a ella es el "sí" ante situaciones y personas, esto desplaza el sufrimiento que causa lo que creemos saber y lo sustituye por el amor ya otorgado a cada uno de nosotros, es permitirse vivir ahí. Si te enamoras de ti, te enamorarás del mundo que crees ver. Se acaba la transacción, cesan las necesidades, los reclamos, la manipulación, los celos y la mentira del yo y el tú. Aquellos quienes ofrecen paz a todos a su alrededor han encontrado su verdadero hogar.

La falta de amor que crees percibir duele; en tu mundo, dar amor y recibirlo es claridad mental. Das amor también poniendo limites, porque tienes claro tu sí y tu no. No tienes que pretender, basta con que seas honesto. Sin culpa ni duda. Le das al otro tu verdad y tu integridad, o no estás dando nada. Pedir es generosidad; cuando te dan, recibes la oportunidad que le das a otro de experimentar su generosidad, y cuando das, recibes el regalo de servir.

Ejercicio:

1) Escribe en media cuartilla algo que te tiene enojado, ofendido, triste o confundido.

2) Escribe este mismo texto usando palabras como *perdón*, *gratitud*, *paz*, *entendimiento* y *amor*.

3) Trae a tu mente la misma historia, pero sólo coloca como descripción "No sé".

4) En el primer punto identificamos en el texto qué tipo de intérprete somos y a dónde nos lleva el ego. En el segundo, tratamos de maquillar con palabras funcionales, pero que no necesariamente se apegan a

lo que sentimos. En el tercero, al practicar el hábito de no saber, nos abrimos a todas las posibilidades, creamos espacio para que la sabiduría nos dé respuestas, maduramos y confiamos en los procesos. Éste es el gran camino a la libertad interior.

¿CÓMO ES VIVIR LIBRES DE LA PROGRAMACIÓN?

Naveguemos por un instante por una mente libre… En ella todo existe sin esfuerzo, en su lugar, en un orden y en sincronía en cada momento. La vida se vuelve una melodía. No tienen interrupción los momentos de armonía y los detalles de la vida se acomodan misteriosamente. La presencia despierta es una constante que conquista sin dificultad lo aparentemente imposible. Se generan fenómenos en la vida diaria, que en el mundo ordinario se considerarían milagrosos. La paz silenciosa se vuelve la constante que embarga por completo la vida y esto nos sumerge en un estado de dicha serena e infinita. Se retira el interés por las conquistas mundanas que el ego aclama.

> La paz se vive como una decisión.
> El estado de depresión y ansiedad que gobiernan a mucha de la humanidad se sustituye por una plácida existencia.

Quien vive libre ha soltado la conversación en la que vivía arraigado en un estado de conciencia limitante. Ahora sabemos que ésta es la causa, y los estados emocionales alterados son el efecto o el síntoma que nos avisa que hay algo que eliminar de nuestras creencias y conversaciones internas. Reconocemos que éstas son falsas y dañinas para nuestra plenitud.

La simplicidad de la mente libre reconoce que cualquier proceso "espiritual" requiere dejar ir, sustituir o eliminar algo para que la Verdad surja. Cuando esto sucede desaparece toda sensación de limitación y vivimos como parte del todo y de cada momento. No hay identificación con pasado o futuro, nos liberamos de anticipar o querer intentar controlar. Esto contribuye a un profundo estado de avenencia y serenidad. La presencia, con su infinita serenidad, desplaza la actividad mental y emocional disruptiva. Nada se mueve o actúa independiente, todo es parte de nosotros. Observamos un orden. Se vive y se actúa desde una existencia que navega en la más absoluta finura y armonía del todo.

La automotivación forzada como fundamento de toda acción desaparece. Los fenómenos de la vida son ahora como un despliegue de eventos de los que somos testigos. La vida se observa como si estuvieras en un reino diferente, todo sucede por sí mismo, lo que permite que reconozcas la inteligencia que nos rige y que confíes en ella, manteniendo un estado de silencio interior que se vive como una inspiración por vivir y servir.

¿CÓMO ES LA VIDA FUERA DE LA PERCEPCIÓN, SUSTITUIDA POR LA VISIÓN?

La vida se recibe como completa y total, no queda nada que pueda desear o querer el ego, incluso cesa la experiencia de la separación de nosotros con el mundo exterior. Todo vive en unión con nuestra experiencia de vida. No existe el tiempo psicológico, el espacio o la vivencia subjetiva. Entre el experimentador y lo que se vive sólo hay un ahora constante. Nada es imperfecto. En lugar de una secuencia, lo que hay es la observación de que todo se despliega y que toda forma no es más que un fenómeno transitorio creado por la percepción.

Queda claro que ni el pasado ni el futuro existen como tales, sino como recursos mentales. No hay nada incompleto; no hay que llegar a hacer nada, ni ser nadie. No hay nada que buscar ni que conseguir, pues todo ya es integral y dado. Es la libertad total de vivir en la consciencia despierta.

Toda acción nace en extensión a la inspiración, por lo que lo ordinario se *vive* como extraordinario. Se entiende que todo está más allá de lo aparente y que existe antes que todos los mundos, universos o tiempos. Sabes que tu existencia va más allá de la apariencia física, no está sujeta a la supervivencia del plano material. Se vive fuera de conceptos creados y ahí radica la libertad y el verdadero poder.

Vemos a los seres humanos inocentes compartiendo tu misma mente, pero algunos están ausentes de su consciencia, de su verdadera realidad. En el estado de inconsciencia están dirigidos por los programas de su ilusorio sistema de creencias, pero al mismo tiempo vive en ellos su pureza. Es como si cada persona estuviera cautiva en un determinado nivel en la Tabla de conciencia y no pudiera pasar a otro estadio sin el consentimiento, la decisión y el acuerdo de la *voluntad*.

A esos programas inconscientes a veces se les ha llamado karma, porque recibimos más de lo que no queremos, sin reconocer que nuestro estado de conciencia genera los resultados. Cuando por voluntad nos liberamos de este hechizo, disolvemos los problemas, conflictos y sufrimientos, ya que estos fenómenos surgen de la anticipación del instante siguiente (futuro) o del recuerdo (pasado). Identificamos cómo el ego parece ser un gobernante de la mayoría de nosotros, siendo su objetivo controlar el siguiente instante de experiencia y asegurarse de su sobrevivencia.

Al dejar ir las motivaciones mundanas, y el juego de placer, la decepción se desvanece. El amor se convierte en el motivador prevalente para la relación con la existencia física. Al soltar la necesidad de conseguir, manipular o cambiar, reconocemos que todo existe en todo momento y sabemos dentro de nosotros que todo nos pertenece, por lo que ya no es necesario buscar o seguir acumulando desde el miedo para sobrevivir. No hace falta almacenar conocimientos sin sentido cuando uno es en realidad todo cuanto existe. La mente se disuelve en la Mente Mayor, no diferente del *todo y de la nada*.

En la no dualidad no hay conocedor ni conocido, porque ambos se han convertido en una misma cosa, nada está carente. Al soltar los anhelos de lo que creemos que nos falta surge el placer de la presencia viva. Dentro de esta libertad la vida se vuelve sencilla, sólo adquirimos conocimientos que apoyan como herramientas para la solución de ciertos resultados, sin tocar el ser completo que ya somos. Cuando los conocimientos o distinciones adquiridas ya no son eficientes, se evaporan sin hacernos más o menos valiosos.

¿QUÉ ES ENTONCES LA REALIDAD?

Para la maestra Byron Katie, la realidad es lo que está frente a ti, y ésta manda, es lo que es. Katie nos dice: "La razón por la que me hice amiga del 'viento' —de la realidad— es que descubrí que no tenía otra opción". También: "Comprendí que era insensato oponerse a la realidad, ya que al hacerlo sólo perdería el cien por ciento de las veces, y que además sufría".

La autora menciona que lo que piensas que no debería haber pasado, sí debería haber sucedido debido a que ocurrió. Lo mismo con lo que vives en este instante, es lo que es, y ningún pensamiento del mundo puede cambiarlo.

Ella ama lo que es, no porque sea una persona espiritual, sino porque cuando discute con la realidad sufre. Cuando luchamos con la realidad o lo que es, automáticamente sentimos tensión, enojo y frustración.

En su libro *Amar lo que es*, pone el siguiente ejemplo acerca de la realidad: ¿Que cómo sé que el viento debería soplar? ¡Está soplando!, es lo que es.

Byron Katie menciona que las personas generalmente creen que si renuncian a su discusión con la realidad, perderán parte de su poder, y ella les contesta:

¿Tienes la absoluta certeza de que eso es verdad?

Recibir la realidad tiene que ver con la aceptación que proviene de un estado de conciencia en el que estás listo para aceptar tu participación en lo que aparece frente a ti, y esto abre la puerta a la transformación a través de un lenguaje de poder, de nuevas acciones y compromisos. *Aceptar no significa resignarte a la situación.* Es una participación activa, es estar de frente a la vida, conectado, en comunión. Así, puedes ver también de qué manera has contribuido a lo que sucede. Una vez que permites la admisión de las cosas tal cual son, puedes cuestionarte:

¿De qué manera estoy resonando con esto que vivo?

Porque, aunque pareciera que no has tenido colaboración alguna en muchos eventos, estás teniendo una relación activa con ellos. Cuando aceptas y vives conectado a la realidad y no a tus pensamientos, entiendes que la realidad es más neutral que lo que decimos o pensamos de ella.

"Sólo quiero lo que es" es una frase que nos pone en comunión con el presente, que deja caer el orgullo del ego, que desea crear capas de juicio frente a lo que aparece en nuestra experiencia de vida. Lejos de ser un estado de conformismo, es una postura que invita al poder, a ver las bendiciones ocultas, y, sobre todo, a vivir el misterio de la vida. *Sólo quiero lo que es* nos invita a vivir desde la humildad, aquella que se abre a la autoindagación, a la simplicidad y a conectar con la vida y no con los conceptos de lo que *creo* que debería ser este momento.

Cuando por fin liberamos las capas de la programación en nuestros pilares, lo que encontramos en cada instante es claridad y sabiduría, ya que esto es lo que queda fuera del mundo de las desilusiones. Sin vivir apegados a la identidad de un *Yo falso*, lo que surge es un estado de conciencia que llamamos *generosidad*. Esto es lo que somos más allá de la mente que vive en confusión. Al despertar a la realidad o a lo que es en cada momento, vivimos un encuentro con el estado de gracia que se nos concedió como derecho de nacimiento.

Sufre quien sigue apegado a viejas historias y creencias. Al trabajar en lo que cargamos, servimos a partes de nosotros que siguen en limitación, y la libertad es un regalo para todos. Al soltar, se vuelve evidente que muchas de nuestras consternaciones se deben a una identificación con un pasado imaginario o un futuro ficticio. Proyectamos nuestras historias de sufrimiento en otros, en el tiempo psicológico o en situaciones.

Presencia es estar presentes en amor con la vida, más allá de lo que creemos que nos hace sufrir. Se accede al estado de gracia en este instante en el que hay completa libertad. En el presente con la mente en libertad todos vivimos en estado de gracia.

Pregúntate:

Fuera de lo que estoy pensando o creyendo en este momento, ¿me encuentro bien?

Si te sientes incómodo, reconócelo como la señal de que has creído un pensamiento o has abrazado una creencia que no se apega a la realidad. Aprende a vivir con tus ojos internos…

La iluminación se escucha como un estado alterado de conciencia, pero en realidad la vive en cada instante quien ama lo que está frente a él. Esto quiere decir que en el momento presente podemos defendernos, o *escuchar*:

1) ¿Será que esto que está sucediendo no es personal, no es hacia mí, no es un ataque?

2) Podría ver que esta persona está diciendo o actuando así por su visión del mundo limitada.

3) ¿Existe aunque sea una mínima verdad en lo que dice? Voy a explorarlo, es una oportunidad de autoconocimiento. Si me defiendo empaño la oportunidad de ir dentro de mí y ser curioso acerca del mensaje que me trae mi hermano.

4) ¿Puedo y debo poner límites en esta situación desde un corazón en paz?

Para poner límites efectivos tienes que tener claro a qué le dices que sí y a qué le dices que no en tu vida. Evalúa esto en referencia a tu aro de la Verdad y tu alineamiento a la integridad.

Pregúntate:

¿Qué me quiero pedir en determinada situación?
Anótalo y frente a tu respuesta escribe qué quieres pedirles a otros.

Tus peticiones deben ser claras. Habla acerca de ti, no es necesario dar explicaciones ni discutir por la razón.

Permite que el otro te diga sí, no o negocie.

Si te da un no, ésta es tu puerta a reconocer que dicha persona o situación no se alinean a lo que deseas, no lo vivas de manera personal. Si no sabemos relacionarnos con el no, vivimos vidas de confusión y frustración constante.

¿A qué te quieres comprometer en esta situación? Piensa en ser honesto contigo. No te apegues al miedo. Confía y sé firme con el camino deseado para ti.

Reflexiona:

1) ¿Hoy te ves capaz de ver las cosas desde otro ángulo?
2) Comprométete a practicar comunión con el momento presente y ahí se hace evidente tu poder cuando sueltas las defensas.

3) Al escuchar a la vida y a otros reconoces que seguramente las reacciones viven en la mente y que fuera de ellas existe un sinnúmero de posibilidades. Permítete hacer consciente lo inconsciente y que surja a la superficie lo que te tiene enganchado a esta situación. Explora en qué conversaciones vives y recreas, y si te funcionan o no para tu despertar.

¿QUÉ SUCEDE CUANDO SE VIVE EN EL SILENCIO, FUERA DE LA IDENTIFICACIÓN CON EL PENSAMIENTO?

Un espacio sin límites profundo lo inunda todo. La vida muestra una intensa vitalidad. Todo es consciente. El mundo se observa interconectado, comunicado y en armonía, a través de la consciencia, por el simple hecho de existir.

La presencia llena por completo lo que para la percepción colectiva era un espacio vacío. La consciencia impregna todo con su esencia, se hace consciente de su propia omnipresencia, es una *inteligencia* que predomina en todos los objetos, las personas, las plantas y los animales. Todo se encuentra unido en la existencia máxima. La esencia penetra y abarca todo. Cuanto existe es de igual aprecio, ya que el único valor verdadero está en la divinidad de la vida.

El Yo es total y completo, no existen anhelos, carencias, defectos e insuficiencias, nada de esto es posible, y todo objeto aparece en una belleza y perfección absoluta. A su vez, nuestro cuerpo se muestra igual a todo lo demás, no pertenece, ni es poseído por alguna persona, es igual a todos los objetos y es parte de todo lo que es, no hay identificación con él, fluyen sus movimientos al caminar y respirar. Los eventos por encima se observan superficiales, pero en un nivel profundo tienen penetrantes implicaciones espirituales.

> Muchas personas dan por hecho que el Yo es el cuerpo que habitan, cuando el verdadero Yo no es este cuerpo, no es visible y no tiene ubicación.

La mente, al estar calmada por el silencio de la presencia, se encuentra sin atención a las palabras que la rondan. No hay imágenes ni conceptos, ni ruido interior. En la presencia todo sucede por sí mismo. Aunque el sonido está ahí, se encuentra en el fondo y el silencio prevalece imperturbable. Los movimientos que se realizan son observados con detalle, ya que no hay un "tiempo", sólo ocurre el ahora. No hay fijación en los acontecimientos y sucesos, ya que ambos aparecen en la mente del observador.

En el presente es donde se experimenta la presencia de la Consciencia Mayor. El presente es duradero, no cambia, no desaparece en el ayer o el mañana. Toda la humanidad se encuentra en este instante del ahora. En realidad, no hay cambios. El ahora es el factor indispensable para experimentar la vida.

En lugar de un pensar, existe un conocer conectado con nuestra sabiduría, y ésta nos imparte un entendimiento completo que se despliega a través de nuestra calma y encanto.

El poder es una característica innata de la presencia. Está presente en el entorno. La presencia llena el espacio de todo lo observado.

Una cualidad de vivir así es gozar de eterna gratitud. Deseamos dar a la vida a manos llenas; sabemos que la vida somos nosotros y así nos nutrimos.

La interacción de las personas se mueve en un amor que se expresa en toda conversación inundada de paz y paciencia. Los yoes superiores de las personas están presentes. Las relaciones se viven en un plano diferente, el significado de las palabras y la comprensión de la conversación se encuentran en una dimensión más profunda, ya que no deseamos opinar sino comprender qué existe detrás de las palabras que escuchamos.

EN PRESENCIA

- Un profundo silencio lo impregna todo alrededor.
- Todo irradia una intensa vitalidad.
- Todas y cada una de las cosas son conscientes de todas y cada una de las demás. El amor por todo lo que te rodea es natural.
- Todo está interconectado, en comunicación y armonía, a través de la consciencia, y por el hecho de compartir la cualidad básica de la existencia misma.
- La presencia es un continuo que ocupa por completo lo que previamente, para la percepción ordinaria, parecía un espacio vacío.
- La consciencia es consciente de su propia consciencia y omnipresencia.
- Todo se encuentra unido por la divinidad de la existencia.
- Esa esencia penetrante lo incluye todo sin excepción.

- Todo es de igual importancia, porque el único valor real es la belleza de la existencia.
- Eso que es el Yo es total y completo.
- No existen necesidades, anhelos o carencias.
- Ninguna imperfección ni discordia es posible.
- El verdadero Yo es invisible y no tiene ubicación.
- Serenada por el silencio de la presencia, la mente se encuentra tranquila, sin palabras.
- Todo sucede en sí mismo, como un aspecto más de la presencia.
- No hay acontecimientos ni sucesos, porque todo comienza y termina, todo empieza y acaba; los acontecimientos sólo tienen lugar en la consciencia dualista de un observador.
- En el mundo ordinario sólo se puede tocar la superficie de las cosas; en la presencia, la esencia más profunda de cualquier cosa se encuentra entremezclada con la de todas las demás.
- La presencia permea objetos y personas.
- La presencia llena todo lo presente.
- Una peculiaridad de todo cuanto existe es la de una serena gratitud, siempre presente, por habérsele concedido el don de experimentar la presencia sagrada.

¿CUÁL ES NUESTRO MAYOR OBSTÁCULO PARA LA LIBERACIÓN?

Muchos vivimos con creencias que contradicen la posibilidad de vivir en presencia y felices. La premisa es: "Vivir así es muy complicado, imposible o no realista". Hay personas que, incluso, creen que es una idea fantasiosa. Si tú crees esto, es lo que vas a experimentar en tu vida. Recuerda que lo que crees, sales a evidenciarlo en tu vida. Muchas personas prefieren tener la razón de lo que creen, que abrirse a nuevas posibilidades. Cuando estamos dispuestos a replantear nuestra identidad y a conocernos desde nuevos paradigmas, comenzamos a reconocer que la liberación está tan cerca como nuestro próximo pensamiento.

Cuando te liberas de creer todo lo que piensas y permites que la presencia se apodere de ti, reconoces que la raíz de tu sufrimiento es tu mente que se identifica al pensamiento falso. Si pones atención, todo pensamiento ya está en el pasado, por lo tanto, éste se vuelve inexistente. Para retenerlo, necesita de tu voluntad y creer que es verdad. Al liberarte de la grabadora mental comienzas a vivir tan libre como el buda. La vida es tan simple como eso. Ésta es una buena noticia.

Desarrolla una mente que reside en la libertad y no apegada a un pensamiento. Tenemos el poder de soltar todo al reconocer cómo las experiencias vividas desparecen en la niebla efímera de un mundo inaccesible en el hoy, que llamamos pasado.

Es interesante estar presente para ver cómo se propaga la corriente de pensamientos. Cuando experimentes que tu cabeza no se detiene, puede ser por lo siguiente:

1) La necesidad que sentimos de verbalizar emociones, que se refuerzan como recuerdos e historias mentales repetitivas de acontecimientos en los que estamos enganchados.

2) La anticipación. Hablar constantemente del futuro.

3) Cultivar una mente que vive del pasado.

4) Replantear situaciones hipotéticas.

5) Tener la mente en escenarios inexistentes.

6) Memorias.

7) Problemas mentales.

8) Divagaciones sin sentido de necesidades creadas.

9) Comentarios o chismes.

10) Apego a momentos de dolor.

> Libertad es no creer todo lo que piensas.

La mente no debe controlarse, sino amarse y conocerla con un entendimiento más allá para que ésta no viva apegada a pensamientos limitantes. Ser la consciencia más allá del pensamiento.

Cuando aparece el pensamiento y lo creemos, le damos valor porque asumimos que a través de él definimos algo, pero ese algo ni siquiera existe, más que a través de nuestra percepción. Por lo que la mayoría de las veces el pensamiento es inútil, nos sigue hablando de nosotros mismos. El que cree saber se ha limitado a sí mismo porque no se abre a ver y crear nuevas posibilidades, sino que refuerza su sistema de pensamiento. Para liberarte, accede a la humildad y permite el estado de conciencia de la generosidad, sé el que no se resiste a la vida. Recibe todo sin defensa. Si algo no es para ti, aléjate sin mayor argumento. Conviértete en el que sólo sirve y da a la vida. Sé el mayor maestro.

NO HAY SERES DORMIDOS

Todos estamos despiertos. Cada encuentro siempre es con uno mismo. Es reconocer tu verdadera naturalidad interior. Rendirte a los pies del otro es la tranquilidad de vivir sabiendo que *ésta es* la unión con el todo, es la intimidad de vivir en comunión. En reverencia todo porque todo es el buda (el iluminado), eso es revelar la gracia de la vida y caer en un estado de profunda gratitud.

Todos somos hermanos, amigos, y todos están siempre en bienestar. Ver así a los otros es salir de los *deberías* o *deberían*. Cada pensamiento debe terminar en interrogación para mantener la mente flexible.

> Nadie me necesita, ni yo a ellos. Nos amamos
> y ahí termina y comienza todo.
> No hay un tú real que pueda perder, ni acumular
> nada. Esto es amoroso.

Observa un mundo completo en el ahora. El ego asume un futuro de liberación; sin embargo, esto es una ilusión, una trampa. Todos los conceptos son opiniones impuestas sobre el presente, es el engaño de la separación. El que busca a través de su intelecto en un momento que no es ahora, vive en una ilusión. La libertad vive fuera de cualquier noción y está disponible en este instante. El sufrimiento es entonces la causa de tu ilusión y el efecto es la pesadilla del sueño que crees vivir.

La vida eres tú y no tú, en todo momento, ya que también eres todo. Es a ti mismo a quien siempre sirves. Responder a la vida desde la paz dada es amor personal.

¿QUÉ ESCUCHAS?

Historias de sufrimiento como: "Debería", "esto no debería haber pasado", "mi cuerpo no debería de ser así", etcétera. Si tu mente vive identificada con el pasado, narrativas, conceptos, el mundo de la forma, pensamientos, creencias, no escuchas la posibilidad de la liberación.

¿Tú que escuchas? ¿Qué cuentos te cuentas? ¿Qué crees necesitar para estar en paz?

HOY MUERE

Hoy decide desterrar de ti todo lo que pertenece a un estado de conciencia inferior al que deseas experimentar; con él se deben ir apegos, vanidades, historias, pasado, creencias, culpas, etcétera. Hoy, si lo decides, puedes renacer a tu mente original, la que reposa en un estado de conciencia, de unidad e independencia. Lo único que tienes que decidir es soltar.

Para la mayoría de las personas esto no es atractivo, porque incluso ni la paz ni el amor resultan de valor. No son reales en su mundo. Pero muchos que vivimos sembrados en la paz somos testigos de que cuando cambiamos nuestra percepción, lo que percibimos cambia, y la paz es siempre una opción.

Si crees que otro o el exterior son el origen de tus problemas, vives en una mente confusa. Es interesante comprender que no hay nuevos pensamientos estresantes. Todos en el planeta tenemos los mismos pensamientos, día a día, año tras año… es una grabadora colectiva, como un radio ambulante que no para. Cuando escuchas los pensamientos como un tarareo colectivo, mas no personal, todo aquello que te causaba negatividad ahora debe causarte risa.

Esto pasa cuando deseamos vivir en la Verdad, por encima de los pensamientos. Cuando quitas tu atención de la mente, que no se detiene, descubres que tu naturaleza es la inspiración, la sabiduría, la imaginación y la creatividad. El pensamiento sólo debe servir como una herramienta de creación a tu servicio.

La libertad no se pospone, está ahí siempre. Ya eres libre mentalmente. Te permitirás esta experiencia cuando dejes de normalizar el sufrimiento, al entender que el desconsuelo no ayuda a nadie… Entonces, accedes a un reconocimiento de lo que ya eres. Nadie nos da la libertad, nosotros la evocamos. La Verdad como estado de conciencia se logra cuando experimentamos la flexibilidad que existe en todo momento. El mundo exterior existe a través de nuestra perspectiva y vemos en otros sólo lo que creemos de nosotros mismos. Cuando cambiamos perspectiva por visión, ya no sostenemos las ilusiones mentales, sino la Verdad siempre presente en la que renacemos en amor como una constante.

ENSEÑANZAS ESPIRITUALES

Existen muchos maestros en el planeta que creen poseer enseñanzas espirituales, esto incluye cualquier postura que posi-
ciona a un ser humano en una jerarquía en el que se cree
superior, y que con su palabra guía a otros al reino deseado,
o les da respuestas a sus cuestionamientos existenciales. El
dilema es que cuando crees que tienes algo que enseñar o te
pones un título, o te crees un rol, todo se congela, se limita.
Crees creer y te pierdes en conceptos que en realidad no tienen peso, porque la sabiduría únicamente se vive en la simplicidad, la unidad y como experiencia propia. Cuando enseñas
desde el intelecto te encoges al tamaño de la idea del maestro.
Lo imprescindible es comprender que lo que enseñas sólo es
para que tú lo aprendas.

> Maestro y alumno son siempre lo mismo.

Es común que las enseñanzas espirituales se vuelvan conceptos, más cuando uno parte de la ilusión del "yo falso". Nadie
es más ni menos que tú. Las enseñanzas siempre son para uno
y en todo momento. El hogar de la salud interior se encuentra
en lo ordinario, en el día a día, no en enseñanzas sofisticadas.

> ¿Crees que acumular explicaciones y atesorar
> conceptos te hace más feliz?

Es importante comprender que todo es simple, porque no hay en realidad nada fuera de tu mente en este momento. En cada instante te relacionas con la historia que te cuentas, o con la contemplación del momento presente. Muchos viven con la historia de que deben aprender más para ser más y, cuando esto no funciona, en vez de replantear, deciden hacer más y mejor, lo que sólo acumula decepción y cansancio.

Las enseñanzas deben sólo ser herramientas, que como una balsa te llevan a otro estado de conciencia, y al permitirte ser transformado, sueltas la balsa o la enseñanza. Todo apunta a tu propia mente, a la nada, y ahí sucede la liberación, la mayor realización. Ése es el mayor aprendizaje. Sabio es quien observa las historias nacer y morir, ya que todos somos reflejo del origen.

Existes antes que tu historia, tu imagen, que tu idea de ti y del mundo. Eres todo y nada. La mente sin reflejo. Consciencia testigo. No hay iluminación como concepto, sólo como experiencia, ni enseñanza fija, porque todo se deshace. No hay nada que enseñar, todo es imaginación, y éste es el máximo entendimiento. Sin pensamientos del pasado todo es nuevo.

Muchos vivimos sumergidos en una construcción de impresiones. Lo que es, es dulce, y no requiere de tu opinión. La mente ya está completa, no necesita iluminación o enseñanza porque ya es todo lo que requiere.

Todo está ya hecho y cumplido para la mente. La Verdad es muy simple, es la realidad que no existe. Al cuestionar un problema se vuelve una cuestión relativa. Si la definición de iluminación es la liberación del sufrimiento, sabes que has nacido iluminado cuando observas que todo fluye como consciencia realizada. Nadie tiene una enseñanza realmente que dar, sino que se vive como la respuesta misma. Actúa sin hacer nada, y sin nada en particular que decir. Todo vive en un pasado y enseñar es sólo traer conceptos de un pasado que ya no es, esto acartona el momento presente. No hay mayor enseñanza que vivir siendo la consciencia despierta.

Ninguna persona que se posicione como tu maestro podrá resolverte tus problemas; un hermano sólo puede apuntar a la sabiduría que vive en el centro de tu propia consciencia. Nadie puede darte integridad pura. Vivir en el aro de la Verdad personal es algo que permitimos y hacemos de manera personal. El rol de alguien exterior será entonces ponernos en contacto con nuestra habilidad para conectar con la Verdad. En ocasiones el otro funge sólo como un despertador cuando hemos desviado nuestro camino a la falsedad.

> Sólo tu maestro interno te puede llevar al despertar interno. Vivir en nuestro propio aro de la Verdad tanto interno como externo debe ser tan natural como la noche y el día.

DAR ES RECIBIR

Muchos seres humanos dan con el fin de recibir algo a cambio y esto los baña de expectativas, y más adelante de decepciones o resentimientos. Esto es dar desde la creencia de que vivimos en un mundo finito. Es la cuna mental de la separación, pensar que si damos, perdemos algo, o que necesitamos de otros para sentirnos completos. Actuar generosamente sin depender del plano físico o desde conceptos de generosidad comienza a abrir en nosotros un estado de conciencia que implica una magnificencia que no se monitorea, se da, porque se sirve a sí mismo. Reconociendo que en un mundo infinito nada se pierde y nada hace falta.

Das sin límites cuando no tienes historias: retener amor es incómodo. "Estoy enamorado de todo lo que veo y de todos porque todo soy yo." Es volver al vacío fuera de los juicios, es vivir en la consciencia unida fuera de las historias mentales o las demandas de la cultura.

Ejercicio:

Ahora, por un momento, contempla la idea de que nadie tiene un cuerpo, éste es imaginado. Es una sensación de la percepción. No es la realidad. No hay nada sólido. Es una concepción más de la mente. Debajo de todo lo que se cree ver, cuerpos, situaciones, eventos, siempre está el océano de la profunda plenitud. Practica ver con esos ojos y no con las creencias.

Ama lo que ves en el espejo. Todo existe en la mente del buda ("despierto" o "iluminado"). Quien se ha liberado de todo concepto es llamado buda. La mayor liberación es salir de las concepciones creadas de uno, de otros seres humanos y de la vida. Si quieres ser libre, exímete de impresiones mentales de sufrimiento del pasado y aspira a la libertad total. Cuando la mente reside en narrativas, historias, quejas o juicios no tiene un hogar feliz, pero tampoco real. La generosidad se practica fuera de ideas rígidas, y ésta se convierte en tu estado de conciencia y así se vive en la luz.

Dar se vive desde la profunda paz y se logra con el perdón en acción. Obsérvate viviendo sin historias, quejas o críticas. Ve cómo lo que haces no puede ser una desilusión porque no hay interpretación ni historia, sólo eres maestro de lo aparentemente bueno y malo. Aprendamos a desprendernos de lo ilusorio, de vivir de tantos juicios, de establecer opiniones ante todo…, de calificar experiencias como éxitos o fracasos y sólo vivir para ellas, regocijándonos en el bálsamo de la paz. Hagámonos amigos de la mediocridad. Amemos el balance de vivir en lo ordinario, disfrutemos de que las cosas no vayan como esperamos y practiquemos la paciencia y el amor que afinan el instrumento del despertar ante lo cotidiano. Así, toda nuestra vida se vive esplendorosa. Al dar un paso atrás podemos reconocer que hasta el presente es una ilusión, es un concepto más. ¿Dónde está el presente? Es un continuo pasado, y éste se desvanece en la nada. Todo queda simplemente como lo que siempre fue… un sueño imaginado, en el que dar y darnos a la vida es el néctar que venimos a experimentar.

EL MIEDO

El miedo mental es un conjunto de palabras creídas, ya sean propias, de la cultura o heredadas en nuestro estado de conciencia. Toda esta confusión se puede terminar en este preciso momento si es tu voluntad.

Para la mente clara que reposa en la eterna libertad es evidente que el miedo es la historia de un futuro. Aun cuando estemos pasando por una enfermedad o cualquier momento que justifique el miedo, reconoce que su raíz es la mente proyectada al futuro: ¿Qué pasara? ¿Me moriré? ¿Me dolerá? ¿Me dejará? ¿Mejoraré? ¿Me alcanzará el dinero? ¿Estaremos bien?

No reconocemos que cada uno de estos pensamientos que invitamos es la causa del mayor temor de la humanidad. Cada vez que permitimos que la mente se identifique con pensamientos de sufrimiento, enojo, resentimiento o culpa sumamos a la inconsciencia colectiva y hacemos "reales" las ilusiones de la mente. Así colaboramos con la confusión colectiva que da valor a vivir sembrados en el miedo y el ataque, en un modo de sobrevivencia.

Pero ¿cuál sería el propósito de sumar sufrimiento al de la humanidad? Para que termine el sufrimiento en el mundo, primero debe terminar en ti.

Desapega tu mente de conceptos que causan separación mental antagónica del *yo y el otro*. Salte del pasado y futuro imaginarios, éstos existen sólo a través de tus pensamientos.

Si quieres servir al mundo, une tu paz a otros y a las situaciones que vives.

La mayoría creemos que nuestros rencores son justificados, pero cuando estamos dispuestos a renunciar al resentimiento o al enojo, se hace evidente que todo lo que llamamos justificaciones para vivir ahí no son más que racionalizaciones y excusas. Son la confusión interna proyectada.

Cuando el ser humano no sabe qué hacer para deshacer la culpa y la vergüenza reforzada en su estado de conciencia, utiliza el resentimiento para proyectarlas como una posición narcisista. El resentimiento es infantil y se basa en nociones de justicia inmaduras, ya que se establece en la necesidad de tener la razón y observa a la venganza como la única salida a sus reclamos, confundiéndola con la justicia. Esta dinámica también proyecta la responsabilidad, porque uno decide verse como víctima. El que desea ser libre perdona a la otra persona aun cuando esté "equivocada", porque comprende que el resentimiento se calibra por debajo del nivel de integridad en 190.

> No se conquista la vida albergando rencores, éstos son la fuente de conflictos y sufrimiento, y se basan en derechos imaginarios que en realidad ya no existen.

Es a través de la culpabilidad que se pretende comprar la salvación, manipular a Dios y adquirir el perdón a través del sufrimiento. Estas actitudes provienen de creencias erróneas, pero están sembradas en el estado de conciencia colectivo.

En la Tabla de conciencia podemos ver que la culpa se encuentra debajo de casi todos los niveles. La humildad es el antídoto que permite ver la vida de diferentes matices, lo que nos deja renunciar a la culpabilidad y ver el pasado como hechos vividos.

Al ver víctimas y victimarios en lugar de humanos, invitamos a la venganza y al castigo. Esto impide asumir la responsabilidad personal de la experiencia vivida. Cuando juzgas a alguien, experimentas una mente distorsionada, impuesta en el otro. Si requieres saldar una situación vivida, asegúrate de actuar desde la verdad en la tabla. Que tu actitud sea partiendo de tu sabiduría y desde un corazón en paz. Enfócate en la solución y la sanación, compartiendo curiosidad y perdón.

Si lo que requieres es que se haga "justicia", piensa en la cantidad de crímenes y sufrimiento respaldados por la justicia en la historia de la humanidad, de ella surgen el castigo y la condena que sólo perpetúan la enfermedad colectiva. El ego se regocija en esta distorsión social. Ver esto como el único recurso para lidiar con quien observamos como agresor no permite que evolucionemos como humanidad. Es importante observar a otros desde la *visión* y relacionarnos desde posturas más profundas, donde la transformación interior, individual y colectiva sean la prioridad.

Muchos seres humanos caminan inocentes de su inconsciencia porque la aparente dualidad crea una percepción que parece alejarlos de su verdadera esencia. En dicho estado, están reaccionado ante la programación de su sistema de creencias. Recordemos que 78% de la humanidad está dirigida por su programación mental, que ni siquiera reconocen como real.

En el estado desde donde reaccionan las personas destructivas no es eficiente castigar por faltas morales o sociales, ya que se comportan en extensión a los campos de conciencia en que se encuentran. Viven sembrados en la ignorancia, el dolor, el miedo y la ceguera.

Todo dilema se resuelve suplantando un nuevo estado de conciencia, que debería ser el objetivo de unos frente a otros. Corregir la mente unida. No castigar desde el ego, ya que esto sólo perpetua la confusión colectiva y el sufrimiento innecesario. El enfoque sería más efectivo si fuera dirigido al apoyo del despertar, el trabajo de consciencia, la rehabilitación al aro de la Verdad y la integración como seres humanos. No es eficiente intervenir desde la culpa y el castigo que, como vimos, son recursos reactivos e ineficientes que justifican mayores atrocidades humanas, las cuales separan, etiquetan y eliminan la posibilidad de extraer de raíz el desequilibrio social. Todo, al ser una mente unida, pide vernos en todos los hermanos y reconocer lo disfuncional como un síntoma que todos generamos. No existen nosotros y ellos, sino un nosotros en un baile constante.

> Byron Katie nos pregunta: "¿Qué prefieres, tener la razón o ser feliz?".

LA JUSTICIA

El doctor David Hawkins nos acerca a un análisis que respalda la idea de reconocer que los "justos" pueden ser peligrosos debido a su percepción desequilibrada y su aparente superioridad moral. El dualismo promueve una división entre la creencia y la reacción. Una vez que se comparte un dogma moral de manera colectiva, se puede propagar como un virus.

Uno de los principales factores que lleva a la humanidad en una dirección ciega es la "justicia", que calibra en el nivel 190 como el orgullo. Ésta es una gran fuerza destructora y la gran excusa para justificar el salvajismo y la barbarie en la historia de la humanidad durante los últimos siglos.

Una sociedad que apoya la matanza, ya sea en la guerra, por la policía o por el sistema penal, no puede al mismo tiempo detener eficazmente la matanza "criminal". Matar es matar, es un hecho. La decisión de asesinar o no es un tema básico en el camino hacia el poder de la consciencia. Encontrar otros recursos para equilibrar la vida social aún no ha sido explorada por 85% de la población mundial ni por algún gobierno. Cambiar las cárceles por centros de bienestar mental, emocional y espiritual sería un gran principio.

Tener empatía y entendimiento de lo que realmente invita a soluciones a largo plazo es lo que nos abre la puerta a vivir en la verdad, es un trabajo interior que se expande al exterior. Es la diferencia entre atacar con la bandera de la justicia, o enfocarnos en transcender, evolucionar y conquistar la unidad.

Un claro ejemplo es Koko, una gorila que residía en el Instituto de Investigación de Primates. Ella trabajó durante algunos años con un psicólogo y desarrolló un vocabulario sofisticado con el lenguaje de señas. Koko era veraz, cariñosa, inteligente y digna de confianza. Su integridad calibraba en 250. Por lo tanto, uno estaba más seguro con Koko, una gorila, que con 85% de los humanos en el planeta.

La mente dormida es dolorosa y vengativa, separa y castiga. Vivir en amor como un estado de conciencia permite ver al otro claramente, y eso sucede cuando ya no te resistes a lo que es. Cuando aceptas al prójimo, te amas a ti mismo y viceversa.

En cada momento aparece la oportunidad para un nuevo renacer de la mente, para acceder a un entendimiento más profundo de las verdaderas soluciones de lo que percibimos y vivimos.

Al darle la bienvenida a lo que es y a lo que fue, invitamos al autodescubrimiento y nos ponemos en armonía con el universo, así accedemos al nivel de integridad. La honestidad se vuelve nuestro gran compañero. Lejos de entrar en dramas, nos sensibilizamos y usamos las emociones para tocar el hermoso instrumento que es nuestro cuerpo para echar a andar la creatividad para avanzar, y así vivir despiertos.

Aquello que no somos capaces de aceptar se vuelve el eje de nuestros resentimientos. ¿Por qué no aceptar a otros y lo que ocurre a lo largo de la vida? El ego nos hace creer que debemos cambiar la realidad externa para adecuarla a caprichos, reclamos y expectativas. Que debemos ser los jueces del mundo, ponerlo en orden. Creemos que si soltamos nos resignamos.

Lo sabio es modificar la interpretación que hacemos de los acontecimientos. Si la percepción del hecho nos deja sufriendo, hemos caído en las redes del ego; si aceptamos o incluso vivimos en armonía, tocamos nuestra sabiduría a través de nuestra inteligencia espiritual.

Es ésta la clave de todo desarrollo espiritual. Parte de soltar toda resistencia que siempre tiene que ver con el ego y permitirte estar al cien por ciento comprometido con tu poder. La resistencia vuelve la vida un gran obstáculo. Cuando se suelta, se reemplaza por sentimientos de resiliencia, confianza y alegría. Entonces se libera una enorme energía, que permite que tu vida se alinee a tu gran camino personal.

Ejercicio:

Ante cualquier tipo de dilema, hazte una simple pregunta: ¿Qué es lo que no estoy dispuesto a aceptar en este momento?

Explora qué creencia o pensamiento te tiene enganchado. Ponlo en palabras. Seguramente desde una posición moral o social tienes la razón de lo que crees. Desde la percepción tienes las evidencias de que esto está o estuvo mal. Pero cuál sería el objetivo de quedarnos en esta postura limitante,

¿protegernos, vivir desgastados? Podrías tener la razón y soltarla, con el fin de alcanzar tu liberación.

La respuesta nos hace entender que la limitación está en la mente.

Si decides que no puedes soltar algo, pregúntate: ¿Qué me lo impide? Escribe la creencia que te tiene enganchado.

También pregúntate: ¿Quién he asumido ser en este tiempo por permitir que este dilema more en mí? Por ejemplo, enojón, resentido, quejumbroso, culposo, desconfiado, carente, impaciente, etcétera.

Recuerda que lo que asumimos de nosotros lo vivimos como verdad.

¿Te funciona verte así a ti mismo?

La buena noticia es que si ante una persona o situación te has relacionado desde tus emociones limitantes, ahora es el momento de explorar otra posibilidad. Si no experimentas soltar, no estarás en contacto con tu verdadero ser, tu integridad y tu aro de la Verdad, y por lo tanto seguirás creando vivencias que no te satisfacen y no sabrás de lo que eres capaz de trascender y de tu verdadero poder.

Las emociones limitantes son la cuna de la neurosis y los desórdenes de personalidad. Para realmente estar comprometidos con una vida de honestidad y amor, debemos estar dispuestos a comprometernos con elegir nuevas alternativas. Este compromiso requiere que estemos dispuestos a hacer introspección constantemente. Esta habilidad requiere que tengamos una relación honorable con nosotros mismos y, por lo tanto, con los demás. Que en toda situación estemos dispuestos a conocer la verdad mas allá de lo que creemos percibir.

La idea de eliminar el sufrimiento siempre debe ser un trabajo válido, se trata de soltar o dejar ir algo. El ego te va a indicar que la liberación viene a través del dinero, la pareja, los viajes, el sexo, la comida, los reconocimientos, la vanidad, el que otros cambien o que las situaciones sean diferentes. Te plantea que algo tiene que cambiar para que tú estés bien; pero pregúntate: ¿Es absolutamente cierto? ¿Podrías estar bien hoy si nada cambiara? Si estuvieras dispuesto sólo a soltar lo que piensas o crees de otros y de las situaciones, ¿estarías en paz? Estoy segura de que sí. En este preciso instante, leyendo esto, fuera de lo que estás pensando o creyendo, ¿estás bien?

La mente despierta vive más allá de las ilusiones del plano físico y de los pensamientos estresantes. A lo largo de todos estos años, después de hacer innumerables sesiones con otras personas y conmigo, sé que hay un espacio dentro de nosotros donde se vive fuera del sufrimiento, y cuando hacemos las preguntas correctas, el amor siempre nos responde. Como Einstein decía: "Amor es igual a conocimiento"; y éste se traduce en sabiduría, esa que vive en cada uno de nosotros y nos apoya con el mayor entendimiento para conquistar cualquier vivencia que en este momento esté frente a ti.

Cuando llegues a dicho entendimiento interior frente a la situación o persona, extiende la claridad al exterior; para ello:

Pregúntate:

¿Qué me quiero pedir a mí mismo frente a esta situación?
¿Qué les quiero pedir a otros?
¿A qué me quiero comprometer?

¿Cómo puedo enseñar con el ejemplo y no con mis reacciones?

¿Puedo poner límites desde la paz?

¿Si me corresponde saciar un conflicto, lo podría hacer desde la Verdad en la Tabla de conciencia?

Nadie puede traer al mundo claridad, el universo ya vive en ella.

Eres quien crees ser por medio de una historia mental, y los otros son para ti lo que crees de ellos. Amar todo es la última liberación y la máxima generosidad. La mente se conecta a sí misma, amándose, sin conceptos, sin futuros, sin pasados, como recién nacidos, en cada momento. En este reino se entiende la muerte como el fallecimiento de la identidad. Es entender que algo y nada es lo mismo. La mente del buda no retiene nada, todo se da a manos libres, como llegó. La Verdad siempre está esperando a la mente abierta. No se puede describir ni explicar, sólo se puede experimentar. Tú tienes la capacidad y la habilidad de aceptar la Verdad. No intentes mirar más allá de ti mismo para encontrarla, pues sólo la encontrarás dentro de ti. La Verdad reside en el ahora: es aquí donde podrás unirte con ella. La Verdad es.

Cuestiona tu mente y reconoce la Verdad. Utiliza al estrés como la alarma para reconocer que crees algo fuera de la integridad, de la Verdad. Quien no ama el mundo, sigue creyendo en lo que piensa.

Amor es el espacio de la mente no identificada.
El ego no puede amar; fuera de él todo es amor.

EL HO'OPONOPONO COMO PRÁCTICA
PARA LA LIBERACIÓN INTERIOR

Este sistema de autocuración tiene sus cimientos en las antiguas poblaciones de Hawái, pero fue el doctor Ihaleakalá Hew Len quien lo extendió en el mundo moderno, y quien nos enseña que todo lo que nos rodea es un reflejo de lo que somos: nuestras relaciones, el trabajo que tenemos, la casa donde vivimos, el dinero que ganamos. Todas estas situaciones y factores son producto de nuestra propia creación, y el sistema ho'oponopono nos invita a observarnos responsables de lo que experimentamos. Éste es el primer y más importante paso para permitir una auténtica transformación.

Existe un hermoso mantra que nos regala el ho'oponopono que es muy sencillo de usar, sólo repítelo como un hábito durante el día cuando sientas un obstáculo interior. Nos apoya para limpiar el diálogo interno. Su finalidad es transmutar las memorias colectivas y personales para disolverlas en la luz. Es una técnica de sanación y limpieza que nos libera de todo tipo de bloqueos y creencias limitantes que condicionan nuestra vida; el mantra es:

Lo siento, perdóname, te amo, gracias.

Cuando aceptamos la responsabilidad de nuestra participación en los escenarios de nuestra vida, cambia nuestra identidad. Nos movemos de sentirnos atacados a ser curiosos e indagar más acerca de nuestro estado de conciencia. En las relaciones, por ejemplo, a veces nos quejamos de nuestra pareja, hijos o familiares; sin embargo, esto es sólo un reflejo de lo que cargamos en nuestra mente. Todas las relaciones viven dentro de ti y es ahí donde las puedes modificar. Ésta es una buena noticia.

El significado de Ho'oponopono:

Ho significa "causa" y *oponopono*, "perfección", es decir, volver al estado original de orden y nitidez, en otras palabras: "corregir el error de la percepción".

El significado de las palabras:

Lo siento: Con estas palabras reconoces que hay algo que debes dejar ir o transformar. Le comunicas a la consciencia que estás dispuesto a aparecer responsable de tu relación con la situación que ahora está frente a ti.

Perdóname: Pides perdón para dejar ir todo juicio y desapegarte de aquello que está en falsedad o atado al ego.

Te amo: Es la forma de disolver todo bloqueo que hay dentro de ti a través del poder real, que es el amor.

Gracias: Es reconocer que la consciencia escucha, y esa gratitud te devuelve al momento presente. Al decir gracias estás haciendo que todo se transmute a la luz. Es el momento de llegar al punto cero. Es estar libre y limpio por dentro, en integridad. Con acceso a altos niveles en la Tabla de conciencia. Es ponerte a la altura del regalo de la vida.

Este trabajo es muy poderoso y actúa en ti y en el colectivo, a través de ti. Deshace así conceptos que ha cargado durante años la humanidad.

EL CAMINO ESPIRITUAL

Si has tratado de calificar tu progreso en el camino espiritual, es importante que reconozcas que no existe tal cosa, tú ya eres en lo que te quieres convertir y esto no conlleva ningún mérito. Es simplemente salir de la oposición al amor, es simplemente soltar. Lo único que debes saber de la espiritualidad es que creer en historias mentales que causan sufrimiento es lo único irreal de quien ya eres. Por lo tanto, cuestiona a tu mente. Sé libre e ilumínate en este instante. Tú existes antes de cualquier pensamiento del "yo". Ten claro que despiertas ahora, el futuro no existe para este propósito. La vida es sólo este momento en constante desenvolvimiento.

Pregúntate:

¿Podría ver paz en lugar de miedo, conflicto, culpa o problemas?
¿Podría enfocarme en la solución en mi mente?
¿Quién sería yo sin mi historia?

No existe la iluminación espiritual, esto es sólo un concepto más… lo real es la experiencia de la unión con todo. Se trata de reconocimiento.

Para ser libre, primero hay que dejar morir todo lo que es falso en nosotros, y cuando esto sucede renacemos en el amor. Detrás de los pensamientos vive el continuo estado de gracia siempre presente.

Cuando amas lo que piensas, el anhelo es reemplazado por humor y aceptación. Esto es lo que mueve la realidad que crees percibir. Tú y el mundo siempre han sido perfectos, desde la integridad siguen "intactos", y esto lo reconoces cuando despiertas de tus pesadillas mentales y necesidades creadas. Esperanza o anhelo es la historia de un futuro y no se necesitan cuando dejas ir la mente que proyecta pensamientos del futuro.

Para quien sigue creyendo lo que piensa, la esperanza puede ser una herramienta útil que le permita seguir en pie. Es mejor que vivir en desesperanza, pero es interesante entender que la mente despierta no requiere de esperanza. Es más efectivo amar lo que es y funciona mucho más rápido. Al cuestionar la mente, reconocemos que la esperanza tiene sus raíces en el miedo.

EL DESAPEGO

El desapego del plano físico no existe porque todo es interno. Nada material es absolutamente real o permanente, vivimos en un mundo que percibimos como estable, pero en realidad es creado de espacios y vacíos, como nos enseña el científico David Bohm. La experiencia humana es la proyección de un observador que da significado a un holograma perceptivo, frente al que reacciona de manera constante. La trampa no se encuentra en el mundo, sino en el apego que uno le tiene a lo que cree necesitar del mundo. En realidad, todo es presencia que vive en ti.

Pregúntate:

¿Qué tipo de intérprete soy frente a lo que vivo?

¿Soy consciente de la cantidad de posibilidades que existen en cada momento, que no necesito apegarme a los caprichos del ego?

La mente limitada y condicionada por
necesidades creadas es dolorosa.
La naturaleza de todo vive en la nada.

Si te pararas por un momento a reflexionar, reconocerías que todo está en el pasado porque todo ya pasó en cuanto lo quieres retener. Todo pensamiento ya está en el pasado. Cuando despiertas al entendimiento de que no hay pensamiento, entonces hay liberación y sólo existe aquello que es producto de la imaginación.

Por lo tanto, el desapego es, para fines prácticos, dejar de creer todo lo que piensas. Cuando asumimos necesidades, nos apegamos a algo que creemos necesitar para nuestra paz. Proyectamos esto a algo o alguien, pero solamente es confusión en muchas ocasiones impulsada por la cultura. El apego tiene el propósito de alejarnos de la idea de que ya estamos completos. No hay nada afuera a lo que nos apegamos, sólo a nuestra historia acerca de que percibimos. El ser despierto ama y observa todo completo.

La mayoría de las personas se apega a falsas identidades porque cree que existen a través de sí mismas, lo cual es un falso sentido de "seguridad".

La pregunta aquí sería: ¿En verdad crees que apegarte a experiencias, pasado, personas, roles e ideas de ti, te da seguridad, te convierte en alguien?

Fuera de las identificaciones de la mente somos libres, no hay vejez, ni muerte, ni sufrimiento, como nos han hecho entender estos conceptos desde la cultura y la perspectiva del ego.

Desarrolla una mente que viva en la nada. El sabio comprende que el pasado es sólo un pensamiento en el presente. Y también es el presente. El que busca la iluminación no encuentra nada, porque en realidad no hay nada que lograr. Una persona "iluminada" en este momento no tiene nada que tú no tengas en este instante. Esto es un desaire para el ego.

Es importante recordar que ni la Verdad ni la iluminación pueden separarse de ti, simplemente son y ya existen en todo momento en ti. Por lo que no es necesario ir en busca de la Verdad, sino tan sólo deshacer lo que es falso para reconectar con ella. No es igual desapegarse que ser indiferente. El desapego genera una plena participación en la vida, sin intentar controlar el resultado.

Pregúntate:

¿De qué me sirve la búsqueda de estar iluminado o sentirme moralmente superior si me molesto por cuestiones cotidianas de la vida, o con conflictos en mi cabeza?

Si tu mundo es estresante o injusto, es porque no has cuestionado los pensamientos que lo hacen parecer así.

Conforme tu mente se vuelve más clara y suave, el mundo que percibes se vuelve más claro y suave.

Cuando tu mente se vuelve bella, el mundo se vuelve bello; no es al revés, no existe un mundo bello, sólo el observador que se entrega en belleza a lo que ve.

No es que construyas un mundo hermoso, sino que ves más allá de tus juicios y apegos, por lo que encuentras la magia de vivir. Es verte a ti en el espejo. Ya no ves comparaciones. La mente deja de jugar esos juegos.

Hasta que cuestiones lo que crees saber, no sabrás la dimensión más profunda que vive en todo aquello que pretendes entender. Lo interesante es salir de los condicionamientos sociales y culturales que nos han entrenado a ver la vida a través de estereotipos; mejor o peor, bonito o feo, atractivo o desagradable, justo o injusto, me gusta, no me gusta, etcétera. Éstos nos invitan a reaccionar frente a lo superficial sin lograr un entendimiento más profundo de las situaciones o las personas.

La mente clara observa la sencillez más allá de lo que califica. Esta flexibilidad permite ser eficientes en nuestra relación con el entorno. Al utilizar el desapego a los juicios puedes, desde un espacio neutral, poner límites y usar tu sí y tu no, desde un corazón en paz, sin incomodidad interior; esta claridad se alinea con la Verdad y nos da libertad de vivir.

El desapego puede sentirse como si dejáramos morir al mundo y la importancia que le damos, junto con todas las promesas que creemos que vienen con él. Pero al practicarlo, encontramos que el placer y el regocijo por vivir no están fuera de nosotros. Y que lejos de separarnos, contribuimos al mundo de maneras invaluables.

La personalidad apegada al ego teme al aburrimiento. Pero eso está lejos de la Verdad, la auténtica vida brota cuando somos libres del gozo sin condiciones o ganchos del exterior. La ilusión del ego se deshace cuando el concepto del Yo se quita de toda situación o persona y la pasión por vivir sucede.

La mente está viva antes de cualquier percepción, y está abierta a recibir y soltar todo. Siempre está a salvo. No necesita apegarse a nada, porque esto lo vive como una limitación.

TÚ Y YO

Todas las relaciones son reflejos en el espejo. No eres tú el que gusta o disgusta, son tus historias. Reaccionamos a lo que creemos de otros y estas narrativas se vuelven la referencia a la ilusión mental, no a la realidad de otros.

Si alguien te rechaza o critica, habla de que sus creencias no embonan con lo que él o ella cree que tú deberías ser. Cuando te sientes mal o triste por las opiniones de otros, tú eres quien se ha lastimado a sí mismo.

Amarte es tu asunto. Y que otros te amen o no, no es asunto tuyo. Es su derecho, y es su confusión proyectada hacia ti.

Si reflexionas, te darás cuenta de que las relaciones que tienes con otros las vives a través de lo que piensas y sientes por ellos; por lo tanto, cuando criticamos, en realidad hablamos de nuestros prejuicios y reacciones, eres tú hablándote y proyectando a otro. Si otro te critica y te ofendes, eliminas la posibilidad de estar abierto a conocerte: las críticas son el camino más fácil para reconocer lo que no has visto o trabajado en ti. Si alguien te dice: "Eres egoísta" y reaccionas, puedes encontrar otra alternativa: mantenerte en silencio, ver adentro de ti y darte cuenta de cómo esto puede ser cierto en un pasado o en algo que experimentas ahora.

En vez de culpar, explora. Por ejemplo:

Vamos a pensar que te dicen que eres un mentiroso. Una respuesta clara sería: "¿Cuéntame qué sientes o qué ves cuando miento? De verdad quiero saber".

Éste es el camino a la autoliberación, la ruta que nos aleja de la necesidad de estar bien o mal. El objetivo es seguir conectado con la vida. El sufrimiento vendría de la defensa o la negación que construimos cuando vivimos a la defensiva.

Es más sencillo vivir con la guardia baja, permitir que otros nos muestren lo que no hemos visto. Seguramente hemos sido y somos todo lo que otros puedan pensar o decir de nosotros y, aun así, seguimos siendo inocentes y perfectos desde la visión, desde la mente correcta.

Cuando por hábito te cuestionas, reconoces que todo es para ti. Esta mente ya no vive en opuestos, ya no está dividida, y sigue expandiéndose porque reconoce que es inspirador conocerse y darle la bienvenida a todo, fuera del miedo.

No hay nada más gentil que un ser humano que vive con la mente abierta. Porque no cree que existe nada en su contra. Y como no existen posturas, nadie puede atacarlo. Así, reconocemos que el único conflicto es el que vive en uno. No hay nada que puedan decir de mí, que, a lo mejor, de alguna manera, habla de mí y de cómo he vivido en este cuerpo y esto no tiene nada de malo, es parte de la experiencia humana. Aceptar esto es el camino a la evolución.

Cuando aprendemos a vivir sin defendernos de los supuestos ataques, conocemos la verdadera felicidad como un estado natural de paz y claridad, fuera de enojos, resentimientos, quejas y miedo. Es lo que sucede cuando cuestionamos a la mente.

La felicidad no se conquista fuera de nosotros, sino conociendo nuestro interior. De esta forma, la felicidad emerge de manera natural.

¿Cómo no tomar la crítica como algo personal, sobre todo cuando viene de las personas que amamos? Imagínate el sufrimiento que construyes cuando crees los pensamientos de otros acerca de ti y viceversa.

Pregúntate:

¿Dónde se origina el sufrimiento? ¿De lo que dicen o de lo que pienso acerca de lo que dicen de mí?

Tú puedes vivir en claridad, eso es lo único que se necesita para estar en paz con otros.

Con lo que te tienes que relacionar es con la realidad de este momento, con la próxima respiración.

El mayor dilema de los seres humanos es que tienen conflicto con lo que es. No encuentran su libertad porque viven en resistencia con lo que está frente a ellos. La queja se ha vuelto uno de los hábitos más comunes y transparentes, y es la trampa para darle la espalda a la posibilidad de vivir en comunión con la vida. Muchos dedicamos nuestra vida a tratar de cambiar, modificar, criticar, resentir u opinar acerca de lo que otros piensan, dicen o hacen, o situaciones vividas. Esto genera una relación con el exterior consistente en observar fallas, carencia y crítica, y no en las bendiciones y en simplemente vivir.

Después de toda una vida peleando con el entorno, incluso con cuestiones tan absurdas como el clima, la temperatura de la comida, el trafico, los hábitos de otros, etcétera, llegará el día final y nos daremos cuenta de que ese conflicto siempre estuvo en nuestra mente y lo arrastramos a lo largo de la vida, sin darnos cuenta de que esto le da voz al ego, pues su fin es que no amemos todo tal y como es, ya que esto evapora su estadía en nosotros como protagonista.

Lo que realmente nos impide la posibilidad de vivir una vida simple y en paz son nuestros pensamientos, con los que enfocamos la atención en la carencia, y no en la abundancia siempre presente. Al universo no le hace falta nada, no conoce la carencia; ésta vive únicamente en la mente humana. Reconocer esto nos reconecta con el estado de gracia en el que nacimos.

Ejercicio:

Hoy comienza a hacer una lista de las quejas que piensas o dices durante el día. Probablemente te vas a sorprender al darte cuenta de que muchas de tus opiniones en realidad son quejas.

Si algo en realidad te molesta tienes dos opciones: hacer una petición, o hacer algo al respecto, contribuir. Si es algo que no se puede cambiar, suéltalo, no necesitas que cambie para que seas feliz. Lo que requieres es mover tu atención.

Recuerda que Byron Katie nos dice: "Pelea con la realidad y perderás el 100% de las veces".

Al hacerte consciente de tus quejas notarás dos cosas:

1) Las usamos para hacer vínculos con la cultura o la sociedad. La mayoría de las personas cree que conecta a través de sus quejas.

2) La mayoría de las quejas sólo son la necesidad de imponer una opinión frente a la realidad: creemos que si tenemos algo que decir, aparecemos. Soltar los reclamos en la mente nos libera. Pocos estamos acostumbrados a relacionarnos únicamente con la presencia en silencio. Esto desvanece el ego.

Ama lo que es. Cuando aprendes a amar la realidad, ya no tratas de modificarla, manipularla, bañarla de pensamientos positivos o negativos, entonces descubres un mundo completo, en orden, en el que todo es para ti. La gente y las situaciones cambiarán o no, pero con tu ataque y tus quejas no lo harán; y lo que descartas es la posibilidad de realmente vivir.

Siente gratitud cuando lo exterior cambie y también vive en agradecimiento cuando todo esté igual. Lo imprescindible es reconocer lo que es verdad de cada situación, ahí vive la paz. El exterior probablemente seguirá picándote los botones hasta que comprendas que todo es un escenario de completa imaginación personal.

El buda dice que sólo un destello de iluminación es merecedor de nuestro más profundo respeto. La enseñanza básica de comprender que otros *no* pueden ser nuestro "problema", sino que los pensamientos acerca de ellos son el gran dilema, ya es un gran esplendor interior.

Dispuesto a quitarte los lentes de la carencia, de silenciar al crítico interior, abres la posibilidad de vivir relaciones amorosas. Éstas son las premisas:

Una relación amorosa es aquella en la que eres consciente
de que son uno.

1) Las personas involucradas se reconocen como seres completos, no se identifican con la falta y las fallas.
2) Al aceptar su totalidad, se ve al otro como un ser completo.
3) No ve desprecio en otros porque ahora se puede separar al ser del comportamiento, esto elimina las etiquetas.

4) No puedes conocer tu propia inocencia hasta que honres a todos, al ver que han sido creados como tú.

5) Cuando se acepta la conquista de la Verdad como el objetivo de las relaciones, ninguna ilusión perturba la paz.

EL EGOCENTRISMO

Vivir anclado en el egocentrismo se refiere a colapsar todo lo vivido de tal manera que quedamos en vibraciones bajas en la Tabla de conciencia, y por lo tanto el ego gobierna tus emociones, tu diálogo interior y tu comportamiento.

Esto crea una ilusión perceptual que toma todo personal. Centralizamos la vida en el ego, y esta característica nos debilita enormemente. Vivimos por *default* "ofendidos" o "lastimados".

El egocentrismo requiere que uno use su energía para mantenerse ofendido por algo o por alguien. Éste es un impedimento mayor para conectar con tu interior y tu poder. Los pensamientos dirigidos a la autoimportancia te hacen sentir "especial", y hay una gran diferencia entre sentirte *especial* por ego o ser amado por ti.

Es importante que saques de la ecuación de tu vida el ofenderte. Esta postura te disminuye considerablemente. Hay personas que buscan ocasiones para sentirse ofendidas y las encuentran en cada esquina. Es muy común en nuestra cultura. Si lo que buscas son razones para estar ofendido las vas a encontrar, y seguramente desde una posición social o moral tienes la razón, ahí está la trampa. Esto nace de tomarnos las cosas de manera personal y pelearnos con lo que es. Además, nos aleja de ver nuestra participación en los hechos.

Si sueltas las ofensas te conviertes en una persona que aprecia la vida. Pones tu atención en las bendiciones ocultas de las situaciones.

El libro *Un curso de milagros* nos recuerda: la paz, Dios y tú son uno. No estás en casa hasta que estás en paz. Vivir ofendido crea la misma baja energía que el conflicto que te ofendió, te lleva a atacar, a contraatacar y a la guerra.

La ofensa es una batalla que nunca se gana, ya que ante los ojos del ego a veces ganamos y a veces perdemos, pero en realidad no hay ni ganadores ni perdedores. Somos seres conectados a una inteligencia mayor y a un orden que está más allá de lo que podemos percibir. El día que sueltes este cuerpo reconocerás que no ganaste ni perdiste nada, si acaso extendiste tu capacidad de amor, y eso ya sería un gran propósito.

El ego observa carencia y te invita a vivir en un perpetuo estado de hambruna, te elimina la posibilidad de sentirte satisfecho. En realidad, en el momento presente la única opción con la que cuentas para elegir es si tienes todo o te falta algo. Todo nace de un poder de creación y tú y ese poder son uno. No existe carencia en ningún rincón del universo, sólo en la mente humana como percepción. Hoy, reconoce que tú no eres este cuerpo, ni sus "éxitos" ni tus "fracasos". Eres un observador del todo.

Da las gracias por las habilidades que se te han dado, por la capacidad de dar y de entregar amor, por la vida que construyes. Pero no te pongas las medallas, pónselas a tu intención y a la Consciencia Mayor, que no para de darnos en todo momento.

YO

¿Quién eres detrás de todas las máscaras, roles e identidades que has decidido creer? Cuando cuestionas tu identidad como mamá, hijo, esposa, empresario, mujer, hombre, etc., ¿quién eres realmente?

Cuestionar esto y soltar la rigidez de los moldes creados por los diferentes "yoes" te abre la posibilidad de vivir en serenidad. Suena idealista, pero es posible vivir una vida en claridad, sin un solo problema. Lo que se requiere es cuestionar cada pensamiento estresante que aparece en la mente: "tengo que", "él debería", "ella no debería", "esto no me gusta", "no lo soporto", "me lastimó", etcétera.

Los pensamientos que no cuestionamos y que se cuelan como si fueran la realidad son la raíz del verdadero sufrimiento. Una vez que se llega a una comprensión de la naturaleza de la mente, el sufrimiento ya no es una opción. Emociones como rencor, odio, ira, coraje, celos, inseguridad, etc., son el síntoma de creer en los pensamientos que causan incomodidad.

Cuando reconocemos que los pensamientos no son la Verdad, pierden el poder que parecían tener en nosotros, y la aparente realidad que nos pintan. Lo ideal es vivir con los pensamientos y el cuestionamiento paralelo de manera constante… ¿Es verdad? O es sólo mi opinión, creencia, punto de vista, percepción, interpretación.

Ejercicio:

En una hoja de papel divide el hecho (lo que es) de lo que te dices del hecho (tu interpretación). Ejemplos de hechos son: trabajo, enfermedad, muerte, otra persona, tiempo, dinero, país, gobierno, relación, viaje, herencia, el peso, las acciones de otro, lo que otro dice, piensa o hace, etc. El hecho es lo único cierto de lo que piensas. En sí los hechos son *neutrales*, no tienen significado en sí mismos, no son ni buenos ni malos. Piensa en la última semana: ¿qué te ha mantenido incomodo o sufriendo? ¿Cuál es el hecho? Sólo el hecho, sin tu punto de vista. Lo único que es concreto.

El hecho no es, por ejemplo: que se equivocó, que te hizo daño, que te mintió, que no tienes dinero, que sufres por una enfermedad, que no te valoras, que tienes miedo, que no sabes qué hacer, que tu hijo te hace sufrir, que el marido o la esposa es infiel, que la muerte es mala, que viste una pérdida, que eres inseguro, que estás gordo, que no eres feliz, que no puedes perdonar. Éstos son pensamientos que confundimos con la verdad y los hechos. Son pensamientos que proyectamos a los hechos. Aunque pensemos que tenemos la razón o que los experimentemos como la verdad, son sólo una postura de la percepción.

Un ejemplo del ejercicio es:

Hecho:
• Dinero

Lo que pienso del hecho:

- Nunca me alcanza el dinero.
- No tengo dinero para lo que quiero hacer.
- No tengo dinero para mi vejez.
- Nunca voy a poder ganar suficiente dinero.
- Es difícil producir dinero.
- Tengo miedo constantemente por el dinero.
- No tengo dinero por culpa de…
- No voy a poder mantener a mi familia.

Saca todo lo que piensas acerca del dinero y que te tiene en falsedad en la Tabla de conciencia frente a este tema.

Pasa estos pensamientos por las cuatro preguntas que propone Byron Katie:

1) ¿Es verdad?
2) ¿Es absolutamente cierto este pensamiento?
3) ¿Quién eres, cómo te comportas, cómo eres contigo y con otros, cómo observas la realidad cuando crees que este pensamiento es verdad?
4) ¿Quién serías si ya no pudieras pensar o creer esto?

Y ahora hacemos unas inversiones de estos pensamientos, no para encontrar la verdad, sino para soltar la idea de que el pensamiento original es la única postura.

Por ejemplo, vamos con el primer pensamiento:

Pensamiento original:

- Nunca me alcanza el dinero.

(Es interesante comprender que éste no sólo es un pensamiento, sino también es una declaración y, como hemos aprendido en otros de mis libros, salimos a evidenciar aquello que declaramos: ese poder tiene el lenguaje. Recuerda que el lenguaje no nada más describe lo que creemos ver, sino que lo genera. Además, en esta oración se utiliza el *nunca*, que es un absolutismo en el lenguaje que engaña a la mente cerrando o concluyendo cualquier otro tipo de posibilidad fuera del pensamiento.)

Inversiones del pensamiento original:

- Nunca me alcanza el dinero.
  Contrario:
  1) Siempre me alcanza el dinero.

     Esta inversión te puede abrir la visión de observar que con o sin tu pensamiento hasta ahora todas las necesidades para ti están siendo cubiertas, así que en este instante tienes exactamente el dinero que requieres. Fuera de lo que piensas del dinero, ¿estás bien?
  2) Mis pensamientos o mi ego me dicen que nunca me alcanza el dinero.

     En esta inversión reconoces que es tu mente la que se ha identificado con este pensamiento y probablemente has decidido identificarte con una falsa identidad de pobreza. Has hecho eco con un pensamiento colectivo muy común.
  3) Otros me dicen que nunca me alcanza el dinero, o yo les digo a otros que nunca me alcanza el dinero.

     Esta inversión te abre la posibilidad de ver cómo éste es un pensamiento frecuente, y cómo al decirlo

y pensarlo lo reforzamos en la mente colectiva, per-
petuando una percepción de carencia en la humanidad.

Después de trabajar con este pensamiento, y todos los adicio-
nales frente al dinero, puedes decidir si dicha conversación te
limita y si quieres seguir creyéndola. Desde esta postura es fácil reconocer todo lo que crees por *default*, pero te tiene en
falsedad en la Tabla de conciencia.

Una mente cuestionada no reside en el sufrimiento. Éste es
el reflejo de vivir en una mente confusa que proyecta culpa,
carencia, exigencia y miedo. Cree que sus proyecciones son la
verdad. La historia que nos contamos de lo que creemos ver es
lo que causa el desconsuelo y los resultados aparentes.

Por lo tanto, frente a este ejemplo reconoces que el dinero
no está fuera de ti, es un concepto más, un símbolo, ya sea
de la visión abundante o de la percepción limitante, que hace
espejo con tu estado de conciencia como todo lo exterior. Lo
que crees, creas.

La mente clara está enamorada de la realidad y de todo lo
que existe en ella. Ama todo lo que piensa y por lo tanto todo
lo que percibe. No observa un mundo distorsionado. Cuando te
apegas a alguna identidad o punto de vista, sufres porque te ves
tan pequeño como lo que crees que es verdad. Sólo la mente
que reside fuera del pensamiento es libre. Lo que te permite
vivir así es salir de todos los conceptos creídos. No hay separación; los seres son la iluminación ante lo interno y lo externo, aunque en este momento no lo reconozcan.

SABIDURÍA SILENCIOSA

La sabiduría silenciosa comienza cuando sostienes tu vida por una intención firme y poderosa por encima de tus aparentes limitaciones. Cuando te alineas a los deseos de tu corazón, comienzas a jugar un rol activo en tu vida. Es una decisión personal y privada que no debe ser explicada ni defendida. Cuando determinas una convicción interna, la sabiduría se convierte gradualmente en un recurso natural de tu consciencia diaria que expande el poder de la intención en todos los aspectos de tu vida. Se convierte en un campo magnético entre tú, la inteligencia mayor y el plano físico. Las coincidencias se vuelven evidentes, la vida responde a los profundos deseos de tu corazón.

Para dar un paso firme a residir en tu intención,

Pregúntate:

¿Qué quiero plasmar con mi vida?
¿Para qué?
¿Qué es importante para mí?
¿A dónde me impulsa mi interior?

Es clave tener clara la intención porque ésta nos enfoca en un propósito y se convierte en la antesala de nuestras acciones.

RECONOCE QUE TODO EN EL MUNDO SON POSIBILIDADES DE EXPANSIÓN

Al abrirte a vivir realmente, comienzas a plantearte qué es lo que en verdad deseas expresar en esta experiencia de vida.

Quizá tu camino no hará sentido desde el punto de vista racional, por lo que debes estar comprometido con tu intuición y seguir la ruta que tenga certeza para ti. Si los demás no lo entienden, no importa, probablemente trazarás una vida nueva lejos de lo pautado y esto puede despertar los miedos de otros. Es importante que te mantengas conectado a ti y sigas adelante. Da las menos explicaciones posibles. Si surge en ti la duda, alinea tus deseos al amor y ésta se desvanecerá.

Al desarrollar la habilidad de indagar sobre tu mundo interno te colocas en armonía con el poder atractor de tu intención y te alineas también con tu ser superior. De esta manera accedes al poder de creación siempre presente. Contémplate a través de tu imaginación como un ser rodeado de las condiciones que deseas vivir; que tu mente se bañe de pensamientos de perdón, para que no existan obstáculos en tu interior; libérate de guerras internas.

Cuando piensas en resentimientos, enojo, frustración, etc., bajas de manera exagerada tu energía en la Tabla de conciencia. Un simple pensamiento de perdón hacia alguien o algo te levantará en la tabla. Al permitir tu liberación, conectas con tu Consciencia Mayor y tus mayores intenciones en este plano. En este espacio te darás cuenta de que un saber profundo vive en ti, que no escuchas necesariamente con palabras, sino que es una sabiduría silenciosa que te guía, te mueve y está presente en cada interacción y decisión por tomar.

La mente alineada al amor es la extensión de la integridad misma.

Una mente que vive en paz, que se responde a sí misma desde su propia sabiduría, fluye sin interrupción, sin contrastes ni oponentes.

La ilusión del tiempo impide la paz, por el sentimiento de pérdida o anticipación a la que está sometida la mente. Aquella a la que se le permite fluir vive en un estado de conciencia que reconoce fácilmente cuando se ha bloqueado, ya sea por una identificación con un pensamiento o una creencia. Al tener la disposición de soltar, vuelves al origen, al estado de gracia natural.

La mente al final siempre se desplaza al estado natural, fuera de conceptos. Al hermanarla con la humildad, reconocemos que en verdad no sabemos nada y esto permite regresar a un espacio donde nos reconocemos como la causa que crea la vida que percibimos.

Libre es aquel que reconoce que no puede ni debe querer cambiar la forma en la que otros piensan, hablan o actúan. Lo imprescindible frente a otros es reconocer que sólo ves en ellos tu precepción, lo que interpretas, tus pensamientos atorados en lo que crees acerca de la persona que ves.

Al ponerte en una posición de profundo entendimiento dejas ir, para amar. No trates de entender al otro, más bien comprende que lo que ves en él son tus guerras internas. Cualquier queja que cargas es sólo una amenaza a tu sistema de creencias, que tiene más que ver con el ego que con la realidad. Si el otro se comporta de una manera que no es funcional para ti, practica el sí y el no, pon límites, haz peticiones, perdona y quédate con un corazón en paz.

Sabemos que hemos sanado cuando dejamos de ver enemigos, conocemos el perdón verdadero y hemos deshecho posturas y ataques. Es una posición de absoluta rendición y servicio por vivir, un espacio poderoso desde el cual surgir a la vida.

Si en este momento ciertas emociones rondan en ti, como enojo, resentimiento o tristeza, no te recrimines. Acéptalas. Sé curioso, indaga… muchas están provocadas por creer en tus pensamientos, por permitirte vivir en historias y no cuestionar la raíz de lo que provoca esta incomodidad. Los pensamientos son la raíz y las emociones, basadas en falsedad, el efecto.

Reflexiona en un pensamiento que últimamente te haya robado la paz. Anótalo.

Ahora hazte la siguiente pregunta de Byron Katie: "¿Cómo reaccionas, cómo te sientes cuando crees en este pensamiento?". Anota todo lo que venga a tu mente…

La respuesta que anotaste te permite identificar lo que sientes al creer que el pensamiento es verdad, reconoces las emociones que provoca en ti el hecho de creer en ese pensamiento.

Ahora pregúntate: ¿Quién serías si ya no pudieras creer en este pensamiento? Las respuestas constantemente son: "feliz", "en paz", "libre", "ya no me importaría", "me concentraría en otras cosas", etcétera.

Sufrimos cuando vemos a otros o a nosotros mismos como víctimas: "pobre", "qué mal", "su situación es nefasta", etc. Pero es importante reconocer que somos víctimas de lo que pensamos y vivimos como verdad. Al percibir a otros o a nosotros como víctimas, creamos el espejo para atarnos a esa identidad.

Pasamos de la magia de vivir a la tragedia y al conflicto, tanto interno como externo. Lo impresionante es reconocer el poder que vive en nosotros cuando salimos de estas dinámicas y olvidamos el rol de sufrimiento, sea lo que sea que hayamos vivido. Entonces reconocemos que al dejar ir los pensamientos que nos causan sufrimiento, estamos bien y hasta disfrutamos la vida.

Cuando no hay guerra en aceptar lo que está frente a nosotros o lo que fue, recibimos el amor, la gratitud y la conexión que la vida nos susurra en cada amanecer (ama-nacer). Cuando la vida se entiende desde la sabiduría, encontramos asombro y plenitud en cada situación vivida. Cuando percibes con humor y alegría, la mente se ha colocado en un espacio de claridad.

> Amar la realidad tal y como aparece, cada emoción que surge, cada evento que aparece es el lugar más poderoso para vivir.

No desplaces la posibilidad de vivir en una mente libre. En este momento identifica la historia que más carga emocional tiene para ti y cuestiónala: ¿Es *absolutamente* cierto esto que pienso?

Reconoce cómo lo que pensamos no es *la* Verdad, siempre será sólo una verdad aparente, necesariamente anclada a tu percepción. Al soltar las historias que nos limitan, ellas desparecen en la nada.

Encuentra tu paz en la posición de mayor humildad dentro de cualquier situación; esto no habla de tu debilidad, como hemos creído, sino del dominio interior que tienes para crear una posición de libertad interior frente a cualquier vivencia, y desde esta apertura diseñas tu vida, decides, tomas acciones y construyes lo que es importante para ti.

Emociones de limitación, sufrimiento, odio o depresión contraponen tu naturaleza. Cuando cuestionas los pensamientos que te hacen sentir así y logras reconocer cómo lo que piensas es lo que provoca tus emociones, entonces dejas de reaccionar ante el mundo de tu imaginación y te alineas a la mente correcta: la que está en orden con la Mente Mayor, esa que no conoce el miedo, la defensa, el ataque o la victimización.

Observa cómo tu mente quiere darte explicaciones y justificaciones para defender tus posturas, tus juicios y críticas, de lo que piensas de alguien o alguna situación. Pero si te preguntas con completa honestidad: ¿qué me impide dejar de creer esto?, reconoces que tú eres tu propio obstáculo. El que bloquea el vasto mundo de infinitos puntos de vista y posturas. Te das cuenta de que es sólo aferrarte a querer tener la razón o defender tu identidad, respaldándote en creencias sociales o morales. Tal vez defiendes tu opinión porque estás atado a una idea de ti que se anida con tu historia. A lo mejor crees que conservar tu postura te hace digno o te protege de algo, o que es tu responsabilidad corregir a otros, pero... ¿es absolutamente cierto?

Las mayores anclas que existen para no querer soltar una historia son:

- Creer que tienes la razón.
- Creer que si perdonas volverás a ser lastimado. No reconoces que tú te has lastimado a ti mismo con tu interpretación y les has dado ese poder a otros.
- No querer ver tu responsabilidad en los hechos y elegir culpar a otros para no verte a ti mismo.
- Creer que el otro no merece tu perdón.

- Creer que al no perdonar el otro por lo menos siente tu condena y tal vez entenderá el daño que te hizo.
- Pensar que lo que el otro te hizo no es perdonable.
- Te has acostumbrado tanto a vivir atado a tu historia y has hecho tu vida en función de ella que crees que, al soltarla, te quedas sin identidad.
- Te has acostumbrado a darte la autoimportancia que crees que te da ser la víctima, y se ha hecho un hábito hablar de lo que pasó.
- Crees que otros deben considerarte por tu sufrimiento.
- No quieres tomar responsabilidad de tu vida y tu poder de creación.
- No te crees capaz de vivir una vida de completa abundancia.

El sufrimiento tiene fecha de caducidad, y ésta vive en la elección de soltar en este momento. Llegará el día en que la mente vuelva a unirse con la Mente Mayor y todo se disolverá en la nada como un sueño del que despertamos. Cualquier dilema que cargues hoy requiere una respuesta que brota del silencio. Y ésta es un sí o un no a la vida.

Por ejemplo:

Digamos que tienes un conflicto con algún familiar o con tu pareja y esto lleva en tu mente un tiempo. Invade tu hábitat interno, trae desintegridad y desgaste personal y, por lo tanto, desbalance externo. Has permitido que viva ahí porque crees que es la verdad, y por lo tanto cargas con esta historia y todo el malestar que conlleva. Crees que no la puedes soltar, porque sientes que tienes la razón y esto te causa un gran descontento. Pero si te sentaras en silencio, en humildad y en la Verdad, la paz, el perdón, la aceptación y el amor siempre presente y te preguntaras: ¿Qué debo soltar de esta situación?, no desde tu punto de vista, sino desde la paz, te darías cuenta de que no es verdad, que todo son posturas que se disuelven, por lo cual dejas todo ir.

La pregunta que debes hacerte cuando estés incómodo es: ¿Esto que estoy creyendo o pensando es falso?

Aprende a contestar tus dilemas internos sólo con un sí o un no.

La respuesta es lo que nos hace libres cuando estamos dispuestos a dejar caer los caprichos del ego que se sostienen en un solo punto de vista: "Tu historia".

La aceptación es maravillosa, sanadora de problemas y sufrimientos. A su vez, repara importantes desequilibrios de percepción e impide el dominio de sentimientos no funcionales. La aceptación no es pasividad, sino no posicionamiento desde el ego. El despertar se da como consecuencia de la gracia que ya es, y no por los esfuerzos realizados.

REFLEXIONA

Deja caer tus historias el tiempo suficiente para permitirte ver algo nuevo, que un distinto conocimiento interior surja para ti acerca de la situación y de ti mismo.

En cuanto creemos un pensamiento como real basado en falsedad, la gran mayoría de las veces nos pone en modo de defensa o ataque. Ésta es la señal de que no somos vividos por la Verdad, sino gobernados por el ego. Cerramos la posibilidad de la libertad y nos encasillamos en el mundo de las narrativas mentales.

Vivimos tan ocupados juzgando a otros que nos alejamos de una propia autorrealización. Ésta se logra moviendo nuestra atención hacia nosotros para conocernos realmente. Cuando dejamos caer los puntos de vista que hemos cultivado de otros o de las situaciones, encontramos paz.

Para acercarnos a una realidad más neutral, debemos hablar de pensamientos de primera generación, sin opiniones ni juicios. Por ejemplo, "la persona", "el evento", "el trabajo", "la mesa", aun sabiendo que, por ejemplo, la "mesa" sólo es, y el *nombre* se sobrepone a la realidad. Esta libertad de simplicidad es el refugio perfecto para la mente.

Mantente conectado a la realidad y no verás amenazas. La mente despierta no se atora en un pasado o en un futuro; la naturaleza de la mente despierta es simple, es buena y es libre.

Cuando aparece algo que se opone a esto, algún pensamiento que causa rechazo, resistencia o defensa, la incomodidad que experimentas proviene de que la mente se separa de sí misma y de su inminente iluminación. Se vive entonces limitación, carencia, y, en otras ocasiones, profundo sufrimiento durante el tiempo que se le permite a la mente la identificación con la ilusión.

Al vivir identificados con el ego lo común
es querer cambiar lo que es a lo que no es,
y probablemente nunca será. Al soltar las
desilusiones mentales regresamos a la alegría del
momento.

Lo anterior suelta la engañadora narrativa de: "Cómo le hago para…", que es también: "Cómo el ego le hace para…".

Esta frase indica que la compresión de las enseñanzas se queda en la superficie; entendemos que no podemos cambiar a otros o la situación, pero creemos que si manipulamos, de alguna manera lo lograremos. También creemos que, si otros cambian, nosotros seremos felices, y la pregunta es: ¿Por qué pondrías tu felicidad en manos de otro?

La única verdad, ante cualquier situación, es que o cambiamos lo que pensamos o nos retiramos.

A través de la compasión permites que surja la comprensión, en lugar de la condena. Vemos que las personas no pueden evitar ser de otra manera a como son en un momento dado. Usualmente no son conscientes de que están dirigidas por su estado de conciencia.

La paz sólo llega por invitación y ésta la tienes
que hacer tú.

Cuando te sales de la narrativa de crear la ilusión mental del "yo y el otro", dejas de tomarte la vida de manera personal. Dos es una creación de la mente confusa.

De la única manera en que la vida se vuelve personal es dándote cuenta de que tú eres todo, porque todo nace de tu percepción o la extensión de tu visión.

La vida está en orden más allá de tu percepción, la labor es volvernos testigos del milagro de vivir confiando en él. Al observar cómo situaciones o personas van y vienen, y que tú te puedas mantener fuera de argumentos, permites el aparente desorden para que algo nuevo surja. Confía. Vivir así es vivir en gratitud.

El ego ha creído todo este tiempo que gobierna al "yo" o a la personalidad, pero si te percibes desde la humildad, reconocerás que estás siendo vivido, pensado, respirado, decidido, etc. El pensamiento se evapora cuando creamos espacio para que esto suceda. Al observarnos vividos, queda claro que no hay nadie a quién iluminar y que esto ya está otorgado. No existe tal cosa como el concepto de la iluminación. En realidad, nada está separado y todo lo que no está iluminado es falso.

Al soltar la mente de ideas fijas, por ejemplo, opiniones, críticas, historias, pasado o futuro, conquistamos el bálsamo de la serenidad y contemplamos cómo todo surge de ella y cómo todo se disuelve en ella.

La única verdad es lo que está frente a ti, en cada momento, y cada opinión limitante que tienes de esto se puede cuestionar. Somos libres al reconocer que la libertad entiende que la realidad manda, y cuando peleamos con ella, nos resistimos a vivir, lo cual es el ego en acción.

Todo es muy sencillo: la consciencia es todo y es buena. Sólo hay *aquí* siempre, en todo momento estás *ahora*. Suelta los anhelos, las expectativas, el miedo, la manipulación, el control, etc. Mejor comprométete con tu inspiración, creatividad, sabiduría y los grandes deseos de tu corazón, verás cómo el mundo existe a partir de tu imaginación, y es a través de ella que vives tus grandes sueños.

> Comprende que la naturaleza de todo es "bueno" y en esta confianza reposa tu mente despierta.

¿Qué aprendimos en el capítulo 2?

- En este capítulo comprendimos que al soltar opiniones, críticas, juicios, historias y pensamientos limitantes, liberamos la mente para que resida en el silencio. De esta forma conquistamos la flexibilidad, la sabiduría y el acceso a infinitas posibilidades en cada momento; la manera de lograrlo es permitiéndonos decir "no sé" ante situaciones y personas.
- Exploramos con detalle cómo se vive en una mente fuera de la programación cultural, social y familiar. Navegamos a través de palabras por la experiencia de una mente libre, que no se apega a nada y por lo tanto tiene acceso a su poder y serenidad.
- Aprendimos que la percepción se sostiene de interpretaciones que parten de sistemas de creencias heredados y sostenidos en los Pilares. Ésta nos invita a ver fuera sólo

lo que llevamos dentro, por lo que la vida se vuelve repetitiva: nos relacionamos a través de nuestros juicios. Cuando sustituimos la percepción por la visión, vemos más allá de las creencias y de lo que nos dictan los cinco sentidos. Ya no vemos lo que "creemos", sino que observamos a las personas o situaciones con ojos divinos, desde una mirada en extensión a la Verdad. Esto nos brinda un mayor entendimiento y profunda compasión ante las vivencias. Recibimos la vida como completa y total, fuera de los reclamos del ego.

• Comprendimos que la realidad es lo que está frente a nosotros en cada instante, aunado a reconocer que la interpretación de lo que vemos es producto de nuestro estado de conciencia. Por esto, Neville Goddard nos invita a reconocer que la consciencia es la única realidad, ya que en este espacio se vive el *como* y, por lo tanto, más adelante impregnamos el plano físico con nuestras creencias o nuestra libertad.

• Exploramos la posibilidad de vivir fuera de la identificación de los pensamientos, entendiendo que esto genera un espacio profundo, sin límites, que lo inunda todo. Al vivir así, la vida muestra una intensa vitalidad y reconocemos que todo es consciente, interconectado, comunicado y en armonía.

• Aprendimos el valor de vivir en presencia y cuáles son sus características. Un ser humano que se sostiene en el poder de su presencia eleva la conciencia colectiva. Ésta permea todos los objetos y personas, a través de una sabiduría silenciosa que llena todo lo presente. Se vive en profunda gratitud, no se vive gobernado por un sistema de creencias, por lo que el ser es libre de ser uno con el todo.

- Observamos que la liberación no es una posibilidad para quien valora el sufrimiento y cree que vivir en paz es complicado, imposible o no realista. Si éste es el caso, se encuentran un sinfín de justificaciones para seguir rendidos a la limitación y la falsedad.

- No hay seres dormidos. Esta premisa nos invita a ver a los seres humanos como consciencia unida al todo y a cada uno. Es reconocer la verdadera naturalidad interior de todo cuanto existe. Es hacer reverencia a lo que esté frente a nosotros, porque todo es el buda (el iluminado). Es salir de exigencias, reclamos y "deberías…".

- "¿Qué escuchas?" nos invita a preguntarnos si escuchamos reclamos, resentimientos, historias, juicios o la posibilidad de la liberación.

- Vimos que para renacer en un nuevo estado de conciencia debemos dejarnos morir. Desterrar de nosotros todo lo que pertenece a niveles inferiores en la tabla. Dejar ir apegos, vanidades, historias, pasado, creencias, culpas, etcétera, con el fin de renacer en la mente original, recordándonos que lo único que tenemos que hacer para conquistar esto es soltar.

- Este capítulo nos indica que las enseñanzas espirituales pueden calibrarse y no tienen valor cuando se ubican en la falsedad, están basadas en dualidad, consejos, o dictan maneras de manipular el plano físico. Nos recuerda que ninguna persona puede ni tiene la responsabilidad de erradicar nuestros problemas. Un maestro sólo apunta a la sabiduría interior de cada persona. Su manera de enseñar es con el ejemplo. Maestro y alumno son siempre lo mismo, porque todos somos hermanos y todos tenemos acceso a la misma sabiduría.

- Aprendimos que dar es recibir, naciendo de la premisa de que vivimos en un mundo infinito, en el que no existe separación. Eliminamos palabras como pérdidas y ganancias. Reconocemos que lo que damos nos lo damos a nosotros mismos y lo que pretendemos retener duele, porque es sólo resultado de un juego mental en el que limitamos nuestra generosidad por medio de nuestros juicios.

- Nos habla de que el miedo psicológico es un conjunto de palabras creídas, ya sean propias o de la cultura, heredadas en el estado de conciencia colectivo. Nos invita a reconocer el miedo que vive implantado en nosotros a través de pensamientos acerca del futuro o en historias sembradas en nosotros. Cuando despertamos al ahora, todo miedo se desvanece porque sólo actúa como la ausencia del amor en el presente.

- Tocamos el tema de la justicia. A lo largo de la historia de la humanidad se han justificado enormes barbaries respaldadas por creencias basadas en el castigo, la condena y la culpa. Éstas acompañan a la justicia en su gran mayoría y nos estancan en estados de conciencia inferiores en la tabla que sólo benefician al ego. Propone movernos a soluciones de sanación, compasión, restauración y empatía, ante los errores de otros para que juntos elevemos el estado de conciencia colectivo. Es importante reconocer que no son ellos y nosotros, sino todos dando un resultado en común como humanidad.

- Aprendimos sobre el ho'oponopono: es una práctica de liberación interior que, gracias a un mantra ancestral proveniente de Hawái, nos apoya para limpiar las memorias tanto individuales como colectivas con el fin de sanar, observar la vida con claridad, trasmutar el miedo y la resistencia para volver al punto cero, al origen en el que todo es posible. El mantra es: lo siento, te amo, perdóname y gracias.

- Entendimos que el desapego al plano material en realidad tiene que ver con despegarnos de nuestras creencias y pensamientos que nos invitan a vivir con necesidades creadas del plano exterior. Entendemos que, como la vida sucede en nuestro interior, en realidad todo desapego es mental.

- Nos explica que "tú y yo" es la confusión mental de la dualidad en la mente. Al reconocer que proyectamos nuestros Pilares en otros, nos abrimos a la invitación de comprender que todas las relaciones son reflejos en el espejo. Nos enseña cómo relacionarnos con la crítica para que ésta se vuelva una poderosa herramienta de autoconocimiento. Nos muestra cómo vivir felices dentro de las relaciones humanas al cuestionar nuestras historias y regresar a nuestro aro de la Verdad, en el que ponemos límites y reconocemos al otro como un maestro para nuestra propia evolución.

- Identificamos el egocentrismo que sucede cuando colapsamos todo lo vivido de tal manera que quedamos en vibraciones bajas en la tabla y, por lo tanto, el ego gobierna las emociones, el diálogo interior y el comportamiento. Esto crea una percepción que toma todo de manera personal y vivimos constantemente ofendidos. En esta ruta lo que buscamos de otros es la autocompasión.

• Se nos planeta la posibilidad de vivir en un yo libre, sin un problema, y aprendimos a cuestionar los pensamientos con las cuatro preguntas de Byron Katie para lograr esto, con un ejemplo claro de cómo hacerlo.

• Nos invita a ver el valor de la sabiduría silenciosa, en la que sembramos una intención clara para nuestra vida con el fin de alinearnos a los deseos de nuestro corazón. Así escuchamos cómo nuestro ser tiene ya nuestras respuestas y cómo el universo se intercomunica con nosotros para dar fruto a nuestros grandes sueños.

• Nos recuerda que si nos mantenemos en un espacio de expansión, vemos todas las posibilidades latentes en todo momento y reconocemos que la vida es sencilla, que la consciencia es todo y es buena. Que sólo hay un *aquí* siempre, que en todo momento estás en el *ahora*. Con esta claridad soltamos los anhelos, la exigencia, las expectativas, el miedo, la manipulación y el control.

• Por último, este capítulo nos invita a reflexionar sobre cómo el ego nos coloca en modo defensa o ataque ante la vida, y así vivimos gobernados por él. Al soltar historias, opiniones severas y reclamos nos permitimos ser vividos por la Verdad. Esto abre la posibilidad de la paz que viene cargada de bendiciones, pero ésta sólo llega por invitación, y tú la tienes que hacer.

Capítulo 3

Estudios sobre la consciencia

Durante más de 20 años el doctor David Hawkins, por medio de la kinesiología, nos mostró un eslabón no visto que une la mente, el cuerpo y la consciencia en relación con lo manifiesto y lo no manifiesto, a través de registrar el calibraje vibracional de miles de individuos bajo un estricto estudio científico. El cuerpo humano tiene un lenguaje neurológico de tipo binario, muy claro y preciso, que se manifiesta a través del músculo y sus mecanismos reactivo-musculares. El músculo tiene dos fases, activado-desactivado, y de esta manera reacciona poniéndose fuerte o débil al estar en contacto con diferentes diálogos internos. El test de diagnóstico kinesiológico utiliza la respuesta muscular, de manera que el cuerpo se debilita de inmediato en ausencia de la Verdad y se fortalece en presencia de ella. Se pueden testar alimentos, personas, terapias, creencias, etcétera.

Los amplios estudios hechos arrojaron con eficacia el resultado de nivel de conciencia que rige al ser humano según su lenguaje, pilares, percepción y sentido de elección. Se descubrió que se pueden calibrar diversos campos energéticos de la conciencia personal y colectiva, los cuales se registran con facilidad en la escala jerárquica que muestro en la Tabla de la conciencia al inicio de este libro.

Las pruebas se realizaron a miles de personas de forma individual y en grupos. Los resultados fueron universalmente concordantes, independientemente de la edad o del estado mental de los individuos. El doctor Hawkins describe estos descubrimientos a detalle en el libro *Power versus Force*, así como en una disertación de doctorado publicada con el título *Qualitative and Quantitative Analysis and Calibration of the Levels of Human Consciousness*.

La parte más sorprendente de este estudio es que explica y documenta la naturaleza de todo en el universo. Todo lo que existe o haya existido, sin excepción, trasmite una frecuencia y una vibración que es una marca en el campo impersonal de la consciencia.

En la Tabla de conciencia el nivel 600 indica la transformación del mundo de la percepción (dualidad) al mundo de la visión (la no dualidad).

La consciencia se reestablece en el ser humano como consecuencia automática en el momento de replantear, expandir o soltar información preestablecida en los Pilares que radican en falsedad en la tabla a través del lenguaje, creencias, cuerpo emocional, influencia cultural o pensamientos.

Al tener la voluntad de soltar, es posible incorporar nuevas distinciones que anteriormente no se podían comprender. Cada vez que se reestructura la información sostenida inconscientemente se logra una integración mayor en la persona.

Dentro de la escala, cualquier cosa que se calibra por debajo de un nivel 200 en la tabla es destructivo y/o falso, y por lo tanto da la espalda a la integridad de vivir. Importante también es comprender que en el nivel 200 se diferencian los reinos de poder y fuerza. La última es temporal, gasta energía, va de un lugar a otro. El conflicto y el error nacen de la forma o el plano material, que a su vez es el lugar de la fuerza.

Las personas que viven arraigadas en estados de conciencia de 200 para abajo viven en falsedad: ilusiones mentales, pasado o futuro, ego, limitación, percepción, y usan la fuerza para sobrevivir. De 200 para arriba se vive en unidad, verdad, amor, visión, y usan el poder para vivir; éste se une a todo lo existente.

Uno no tiene por qué elegir entre lo real y lo irreal, ya que lo irreal no existe, lo que quiere decir que el mundo de la forma es relativo porque tiene su dependencia en la percepción, y ésta es construida por interpretaciones y su referencia es el pasado. Lo real de la forma es la consciencia que le da vida. El poder, en cambio, es característica de la consciencia que se sustenta por sí misma, que permanece y es invencible. El poder no tiene divisiones, vive en ti y lo experimentas a través de tu presencia.

En el nivel 500 desvanecemos la ignorancia y las limitaciones de los opuestos, y, así, hay liberación en la mente. El gran poder del nivel 500 radica en la habilidad de entender más allá de la razón, echando mano de la inteligencia espiritual y permitiendo el misterio de vivir. En un estado de comprensión se da paso al 540 de la tabla, que invita al amor incondicional. En el 500 también se aceptan las limitaciones del hombre, así como la incapacidad en ocasiones de liberarse de ellas. Soltamos la necesidad de atacar tanto mental como físicamente.

Es interesante comprender que en el nivel 600 de la Tabla de conciencia acaba la identificación con el cuerpo físico, y se desvanece el más grande de los miedos, el de morir. Como una oruga que sale de su capullo, la consciencia liberada de la identificación limitante del cuerpo se regocija en su no corporeidad, esto es total plenitud y la posibilidad de no vivir aferrados sino extendiendo el amor por vivir.

En el nivel 700 se toma conciencia de que el Yo es "todo lo que existe", se contempla perfecto en equilibrio y armonía.

Los niveles 800 y 900 son los más altos de la conciencia potencial de la humanidad. El mundo ya no se percibe con individuos a los que hay que "salvar", sino como un campo energético que se eleva y evoluciona. En el nivel de conciencia del 1 000 se equilibra la negatividad del colectivo humano sólo con la presencia.

A su vez, el reino de la realidad no dual es el que se califica como espiritual y es desde donde brota el poder; éste se encuentra más allá de los asuntos humanos, proviene de trascender las ilusiones creadas por el velo de la percepción. Esto nos invita a entender que la vida es no lineal y extremadamente dinámica.

El mundo físico observable resulta ser un mundo de efectos provenientes de la consciencia, que es la causa original. El poder verdadero habita en el espacio invisible y no lineal.

> El brillo, la paz, el amor, la gran compasión y la comprensión de la consciencia revelan la fuente de la existencia más allá del tiempo o forma, de circunstancias o conceptos intelectuales.

Alineado a la presencia emerge un conocer infinito que ilumina todas las posibilidades existentes. La integridad de la sabiduría prevalece más allá de lo aparente y se encuentra siempre presente. Esto nos invita a reflexionar en que todo es existencia; lo no manifiesto y lo manifiesto son la misma cosa y existen presentes en todo momento, aunque uno es visible para los cinco sentidos, por lo que no hay nada nuevo que crear, ya que todo existe en un campo de posibilidades que, aunque no vemos con los ojos físicos, está ahí para acceder a él en cada instante.

El futuro y el logro de algo son efímeros. Al sabernos uno con lo deseado en nuestro corazón, reconocemos que es nuestro nivel de conciencia lo que permite que, a través de nosotros, como una impresora 3D, impregnemos el plano físico con lo ya latente.

Es en el nivel de verdad e integridad donde el cuerpo da respuestas claras, y estos niveles suben a través de la valentía, la neutralidad, la buena voluntad, la aceptación, el amor, la alegría y la paz, hasta un probable 1 000.

Ya que el grueso de la humanidad vive en falsedad, creyendo todo lo que la mente se repite como una grabadora, en un trance sostenido por el miedo y reaccionado ante su programación, y no frente a lo que es real, significa que el colectivo asume que la *falsedad es la verdad*. Sólo 15% de la población comprende lo que es la Verdad, y únicamente 4% se calibra en el nivel 500 del amor. En el nivel 700 se encuentran los maestros y sus enseñanzas.

El salto que se dio del paradigma newtoniano de causalidad lineal, percepción y dualidad a la realidad no lineal que trasciende la percepción no es fácil de comprender en la cultura actual. Pero es importante entender su valor, sobre todo para los interesados en los estudios de la Verdad o el progreso de la ciencia. Nos explica un mayor entendimiento de la naturaleza que rige los asuntos de esta experiencia vivencial.

Recordemos que la consciencia con *sc* representa la divinidad, y está presente en todo, pero ensombrecida por la identificación con la mente egoica y la identificación con el cuerpo. Los niveles de conciencia, con *c*, representan qué tan desapegado se encuentra uno de la Consciencia (con *sc*) Mayor. Los diferentes estados de conciencia suben o bajan en la tabla según la relación con el apego al ego y la falsedad.

En la más baja vibración, 20, la vergüenza es el estado de conciencia en el que el ser vive sumergido en creencias que lo llevan a afirmar que hay algo malo con él, o con otros; en vibración 30 se vive en culpa o culpando, creyendo en el castigo y el resentimiento. Se experimenta un mundo dual, antagónico y la posibilidad de la victimización. Se ve a uno mismo separado del mundo y de otros, la vida se vive en un modo de sobrevivencia.

El otro extremo de la tabla es la iluminación, que es saberse uno con el todo, incluyendo la Consciencia Mayor con vibración 1 000.

La transformación de la consciencia a la libertad se da como consecuencia de la eliminación de obstáculos interiores, sin adquirir realmente nada nuevo. La iluminación se vive como claridad interior, se desvanecen los juicios rígidos, ya sea de forma intencionada o inconsciente. Por ello, ante toda situación se presenta un contexto más amplio que permite el autoconocimiento, el cambio de narrativa, o incluso la posibilidad de disolver lo pensado o creído en la *nada* o espacio vacío. Esto irradia un amor intenso ante la vida. En algunas personas la experiencia no es permanente, sin embargo, los efectos residuales son transformadores. Con el tiempo, es probable que esta dicha se transforme poco a poco en periodos de paz y un acceso al silencio infinito.

Los juicios son reemplazados por dedicación, curiosidad, responsabilidad, entendimiento, aceptación y compasión por uno y por otros. La inspiración guía a las personas a su poder interior y se expresa a través de su capacidad de crear. Todo anhelo humano se desvanece cuando reconoces que el futuro no promete nada que no tengas en este momento. Anhelar, que se coloca en falsedad en la tabla con 125 de calibraje, habla de esperar que en el futuro algo suceda para estar "bien", y esto nos pone en un contexto de carencia. Es importante saberse completo y desde ese entendimiento manifestar los profundos deseos del corazón como una expresión natural de la vida.

Al vivir satisfechos, amando la vida y en aceptación, el bienestar interior está siempre presente, siendo este instante el único espacio en el que experimentamos una existencia completa o incompleta, según nuestras creencias.

Un obstáculo que puede presentarse en función de prolongar el anhelo es la impaciencia, o la autocrítica, que a veces se convierte en desconsuelo. La búsqueda de cualquier objetivo puede volverse una obsesión. La angustia puede apoderarse del que vive en el futuro, pasando por periodos descorazonadores y de culpabilidad. Vivir en expectativas de objetivos y metas impulsadas por el ego debe ser sustituido por la experiencia de vivir la vida desde la inspiración y la creatividad.

Rendirte y cocrear con el poder presente da lugar al desasimiento del ego/Yo, que cree que logra y requiere colgarse las medallas. Cuando el Yo desaparece de la ecuación de creación, todo se disuelve en la eternidad, y ahí es evidente la presencia absoluta que nos rige. No hay explicación para ello, sólo la capacidad de experimentarlo.

Aquí surge la posibilidad de conocerse y experimentarse como Uno y el Todo y la Nada a la vez, siendo al mismo tiempo todas las cosas y ninguna. No es posible poner esto en palabras, ya que es una rendición completa del ego que permite que las grandes manifestaciones sucedan en nuestra vida, unas que ni siquiera la mente analítica hubiera soñado.

Una vez que el mundo de las ilusiones que creíamos percibir se transforma, la identidad cambia de ser un individuo limitado (un "yo" personal) a un contexto sin límites, en constante expansión. Todo aparece sin esfuerzo, observamos sincronicidad, y los detalles de la vida se acomodan. La energía de la presencia logra sin mayor drama lo que parece insólito o milagroso.

Einstein descubrió una energía que sostiene y une todo, y la reconoció como lo que nosotros llamamos amor. Éste genera el estado de conciencia colectivo, lo une todo. Es lo que rige el universo fuera del plano material. Cuando percibimos a través de nuestros cinco sentidos, el ego nos confunde porque actúa como una capa ilusoria, cuestionable, que da la espalda a este amor siempre presente. Esta capa se puede desvanecer para relacionarnos con el orden del amor en todo momento, brindándonos un profundo conocimiento, y predominando como poder de organización. Es el estado omnipresente sobre el cual aparecen todos los fenómenos que observamos.

Una vez removido este velo, es la *presencia* del ser humano la que establece las acciones y los sucesos. Así, una alteración natural y permanente de la conciencia aparece, una que está presente en quietud y en silencio.

Al alejar nuestro interés superficial por el drama del mundo físico y por los condicionamientos colectivos de la percepción, el estado de infinita dicha prevalece.

La mayoría de los seres humanos obtiene un sentido de vida a través de resentimientos, remordimientos y de una autocompasión constante. Se resisten a adentrarse a niveles de comprensión, perdón o de compasión. Justificar estados de conciencia de falsedad, aunque se pueda razonar o justificar, no deja de ser ilógico y autocomplaciente. Para las personas que aún desean identificarse con sus dramas mentales, invitarlas a ver un mundo bello queda como una fantasía fuera de la "realidad".

Cuando no existe dualidad en nuestra visión, no hay conocedor ni conocido: ambos se han convertido en lo mismo. La omnipresencia es la propia totalidad. El anhelo y la ansiedad desaparecen y con ello la sensación de sentirte incompleto. En este estado únicamente queda el presente y comenzar a disfrutar la actividad de sólo ser.

En el estado de serenidad se deshace la atención exagerada al pasado, o al futuro, por lo que cesa la necesidad de anticipar o intentar controlar.

En la presencia se desplaza la actividad mental y emocional, prevalece la infinita armonía interior. En una concordancia absoluta, todo vive, se mueve y existe en inmaculada perfección, belleza y armonía del "Todo".

En el estado de serenidad y silencio interior todo sucede por sí mismo, accionado por el amor, la intención y nuestra maravillosa imaginación. El misterio de la vida se vive como un gozo, en paz infinita, más allá de cualquier emoción momentánea que pueda surgir. La paz de la consciencia es completa y total. Evapora de manera natural los caprichos mundanos.

Cuando comenzamos a despertar a la Verdad, a la no dualidad, suspendemos las nociones de secuencia, y la consciencia se vuelve el lugar desde donde vivimos por encima de las experiencias. Ya no hay tiempo lineal como tal, dado que nos es evidente que el ahora es la constante en que se experimenta la vida.

El movimiento se percibe como suspendido fuera del tiempo. Nada es imperfecto. Lo que se observa es que todo se despliega, y toda forma es un fenómeno pasajero creado por la percepción y la manera en que observa la mente. Todo es en realidad una expresión del potencial del universo infinito.

Lo que parecía separado, etiquetado y categorizado por la percepción, ahora se vuelve evidente que sólo existe en unidad. No hay "después" ni "pasado" ni "futuro"; no hay ni "completo" ni "incompleto", no hay un "llegar a ser". Todo ya es.

La mayoría de los seres intentamos describir el universo, sin reconocer que sólo hablamos de nuestra percepción condicionada por lo que cree ver la mente y los relatos de lo que creemos que es la realidad y cómo funciona el mundo.

La percepción es limitada, en el sentido de que sólo sabe *acerca de*, en lugar de vivir desde la sabiduría. Actualmente la ciencia ha incluido a la intuición y la creatividad como parte de sus procesos científicos, siendo colaterales la lógica y las pruebas científicas. Hoy reconocemos los momentos intuitivos como espasmos que rebasan la razón e impulsan los avances de conocimiento.

En la consciencia unida, la mente está en silencio. No identificada con conceptos, sino con la libertad. El pensamiento racional o continuo se suspende a un nivel en el que se libera la atención a éste. Lo sustituye la posibilidad del silencio y el entendimiento más profundo de su existencia. El conocimiento se extiende por sí mismo, y la divinidad de "todo lo que existe" brilla y resplandece en su esencia. Todo se manifiesta en una revelación y continuidad. Nada que buscar ni lograr, todo es total e íntegro.

El ser está más allá de la existencia física, no está supeditado a principios ni finales. Está más allá de cualquier etiqueta mental. La liberación de la dualidad comienza a vislumbrar lo ilimitado de la consciencia y la existencia.

> La humanidad en esta era está en el proceso de evolución de la conciencia colectiva, existiendo unos más conscientes que otros. Pero cada uno de nosotros representa la consciencia unida.

TABLA DE DUALIDAD Y UNIDAD

La vida se experimenta desde el mundo dual o desde la unidad con la Consciencia Mayor. En el cuadro 3.1 se observa cómo se vive desde la dualidad o desde la unión.

Desde la no dualidad trascendemos los "problemas", "conflictos" o "sufrimientos", tanto personales como sociales. Quizá oigamos que hay un "dilema" en el mundo, o bien que alguien tiene un "problema". Es relativamente fácil ver que los apuros existen en la mente del observador o del colectivo. De todas las posibilidades que se pueden percibir de una situación, sólo se distingue lo que no empata con el sistema de creencias.

CUADRO 3.1. *Dualidad y unidad*

La vida se puede experimentar de dos maneras:

El mundo dual	Unidad en consciencia
• Se cree que los problemas están en el plano físico.	• El poder está en la Verdad desde la consciencia.
• Se vive desde la fuerza en la falsedad.	• La vida se experimenta desde la alegría y la paz, desde el juego y la curiosidad.
• Se ve la vida desde el juicio, la defensa y el ataque.	• Nos abrimos al mundo de las infinitas posibilidades.
• Nos roba libertad emocional.	• Dejamos caer la percepción de falsedad.
• Se cree en la culpa, el miedo, la vergüenza, la exigencia, etc.	• Se reconoce que el otro es nuestro espejo y aprendemos de eso.
• Se cree que lo que experimenta es por mala suerte, karma, etc.	• Desde la consciencia se reconoce la resonancia de los Pilares.
• Se vive desde la reactividad.	• Se vive desde la visión.
• Se cree sólo en la percepción de los 5 sentidos.	• Se reconoce la abundancia en el Ser.
• La mente navega en pasados y futuros como si fueran la realidad.	• Desde la inocencia abrimos la puerta a la Verdad.
• Se dan excusas y se señala al otro.	• La declaración primaria es: Yo Soy.
• Existe la creencia de que sólo somos este cuerpo.	• Se reconoce a la consciencia como la única Verdad/ Realidad.

Un problema es entonces un obstáculo perceptivo creado como un fenómeno de lenguaje interior, en el que, de todo lo que puede ser observado, sólo se distingue el "problema". De valentía para arriba en la Tabla de conciencia los problemas se desvanecen, se observan como situaciones, frente a las cuales nos podemos plantear lo siguiente:

- ¿Quién quiero ser ante esto?
- ¿En dónde viven mi poder y mi responsabilidad frente a esta situación?
- ¿Cuál sería una participación o contribución eficientes?
- ¿Cuál es la solución?
- ¿Qué no estoy aceptando de lo que creo percibir?
- ¿A qué le debo retirar mi atención para ver posibilidades en vez de problemas?
- ¿Cómo puedo contribuir a esta situación para sumar en ella un mayor estado de conciencia?

De esta manera soltamos las consecuencias de haber elegido un punto de vista arbitrario que nos lleva a la falsedad y al sufrimiento, a soltar conscientemente y replantear la situación, para abrir la posibilidad de reconocer que los problemas son producto de la mente y no existen afuera en el mundo, nosotros al creerlos los creamos.

El egoísmo y los caprichos mundanos dan lugar a cierta selectividad en la percepción, lo cual se vuelve la raíz de conflictos interiores y más adelante, exteriores. Entre más nos enfocamos en el "problema" que creemos tener, lo volvemos real. Desde la claridad mental, lo que era considerado como un problema personal es ahora claramente *impersonal*. Nos separamos de la situación de manera íntima para retomar el poder y enfocarnos en soluciones existentes.

Es interesante apreciar que las guerras internas aparecen cuando *pensamos* en el futuro o en las *memorias* del pasado. Estas conversaciones habitan entre el miedo al porvenir y la queja por lo vivido; el anhelo y la percepción limitada conducen a la ilusión de la carencia. Es cuando invitamos a conversaciones que hablan de falta, pérdida, insuficiencia, queja, control, pobreza, etcétera. Todas ellas son palabras del ego. Al comprender verdaderamente que todo está completo, toda inquietud se disipa. Cuando se desvanecen las motivaciones del ego, la vida se hace fácil.

La visión ve de manera más profunda que la percepción. Esto puede sonar abstracto y filosófico, y para el cínico, hasta irreal, ya que éste comprueba la vida a través de los cinco sentidos, que son el recurso del ego.

El que vive en falsedad se relaciona con lo que cree "ver" o "sentir". Siembra ahí las evidencias de sus razones para justificar sus posturas y no moverse a la visión, que requiere *ver* más allá de lo que se cree.

Intentar que alguien que está sostenido en el sufrimiento reconozca que se encuentra regido por pensamientos e ideas mentales es casi inútil. Lo que sus cinco sentidos creen ver y corroborar es suficiente alimento para el ego para defender la "realidad" que cree experimentar. El *verdadero Yo* de toda persona está más allá del plano físico. Sólo al soltar nuestros puntos de vista, a los que tenemos atados nuestra identidad, accedemos al *amor*, y lo reconocemos como el conocimiento mayor que sostiene la existencia del universo y, por lo tanto, el de nosotros mismos; éste es la salida y la solución a cualquier problema.

Una característica de vivir utilizando la visión es que nos adaptamos a la capacidad de dirigir la vida hacia un propósito de mayor trascendencia de nuestro estado de conciencia dentro de nuestra experiencia de vida, así dejamos a un lado los dramas comunes.

EL AUTOR O MAESTRO DE ENSEÑANZAS

La humanidad carece de la capacidad natural para diferenciar la verdad de la falsedad. De ahí la importancia de conocer el nivel energético calibrado en cualquier enseñanza o maestro.

El retorno a la Verdad es comparado con un sendero, un viaje o una aventura interior. La prudencia se requiere para que seamos conscientes del poder que le otorgamos al exterior. Es importante omitir la idea de gurús, maestros elevados, personas superiores o respuestas de otros como la dirección de nuestra vida. Para el ego, la iluminación es compleja, y sus rutas también lo deben ser, por ello algo tan común como vivir en comunión con la vida resulta ser un fenómeno extraordinario.

El autor o maestro de enseñanzas debe reflejar el estado de conciencia de congruencia, tanto en su personalidad, lenguaje y comportamiento como en su estilo de vida. Una persona comprometida con la práctica de la Verdad termina por encuerpar y expandir esta manera de vivir. Esto se refleja en sus experiencias y sus resultados. Desarrolla la capacidad de concentrarse en su visión más allá de la lógica o lo racional, para enfocarse con determinación, dedicación y compromiso al poder de su intención.

El buscador espiritual común puede ser fácil de capturar para el que quiere tener seguidores con su ideología e influir a través de la manipulación y el carisma, esto lo hemos visto una y otra vez a lo largo de la historia.

Es importante para el que desea la liberación saber que sólo existe una Verdad, y es un estado de conciencia sostenido por el amor; ésta es la misma para todos los seres humanos y no depende de un punto de vista, sino de una manera de vivir y de estar en existencia. Lo que alguien puede mostrarte son herramientas o reflexiones que han surgido a lo largo de los años en diferentes formas: religión, psicología, curaciones energéticas, meditación, yoga, metodologías, libros, ideologías específicas, cristales, *coaching*, etc. En sí, nada de esto tiene un valor específico. El objetivo de cualquiera de ellas es que apunten hacia la Verdad siempre presente que vive en tu mente y la revelen.

Seguir ciegamente a las multitudes de alguien "famoso" no necesariamente es lo efectivo. Sobre todo cuando se trata de dar consejos, ya que en ocasiones vienen de una visión del mundo dormida a otra. El consejo desplaza el uso de las vivencias para despertar el interior del que las vive. El fin del consejo en muchas ocasiones es reparar, corregir o maquillar la aparente realidad, sin reconocer que ésta es sólo el efecto del estado de conciencia del que la vive.

Un maestro te muestra a ti mismo, te responsabiliza como el experto de tu propia vida, y, si acaso, te enseña nuevos conocimientos prácticos que te son útiles para tu día a día.

Es más importante saber que todos tenemos un maestro interno: el Yo verdadero. La presencia siempre presente. Mediante la sabiduría interior, la consciencia está accesible para todos.

El maestro verdadero no impone su voluntad sobre otros, sino que brinda su sabiduría a disposición de otros. El simple hecho de escuchar una gran enseñanza es, en sí mismo, un eco con tu consciencia interior.

Ser guía es, por tanto, otro de los aspectos de un maestro, aparta al estudiante de los peligros de la seducción y el glamur espiritual. Otro gran servicio que el maestro brinda al buscador es el de explicar y aclarar. Se presenta como un ser completo, no tiene necesidad de tener discípulos y no consigue nada teniendo seguidores. El verdadero maestro no desea control ni poder sobre los demás.

Para el maestro, el cuerpo sólo es importante en la medida en que sirve como medio de comunicación con los demás en el plano físico, pero sabe que en el mundo de la forma y las imágenes se engancha el ego. El sabio sirve a quien lo escucha de otra forma, una no verbal, en la que su consciencia transmite una frecuencia vibratoria que abre lugar a estar: consciencia frente a consciencia.

Lo que transmite un maestro no habita sólo en las palabras, sino en la energía ascendente de la consciencia detrás de las palabras. Una persona con un nivel de conciencia de 300 impacta la negatividad de 90 000 personas por debajo de 200.

En la actualidad existen cerca de 22 sabios en el planeta cuyo nivel de conciencia está en 700 o más. En la humanidad, la negatividad en conjunto sería autodestructiva, pero el impacto de compensación de los campos de energía de vibración alta (en Verdad), supera al de aquellos que viven en falsedad.

Existen enseñanzas que han sobrevivido casi intactas, y su poder sigue empapando el estado de conciencia de la humanidad, pero existen otras que se encuentran deterioradas. Muchas de ellas porque quien las transmite no las comprendió más allá de la dualidad y el ego. Se comprenden desde una carente interpretación. Con el tiempo quien las traduce y escribe acrecienta malentendidos, y esto sucede de generación en generación.

Tal distorsión es común porque el ego tiende a ser literal en sus interpretaciones, lo cual hace que muchas de ellas, que tenían un valor importante, hoy en día vibren bajo en los niveles de conciencia y ahora se encuentren por debajo del nivel crítico de la Verdad.

Un ejemplo son las enseñanzas que hablan de separación, maldad, conspiraciones, antagónicos, consejos para superar dilemas en lugar de deshacerlos, lo que refuerza los sistemas de creencias. Cualquier escrito o enseñanza que exprese algo distinto a la paz o al amor erra en su calibraje.

No existe fundamento aceptable para modificar las enseñanzas puntuales del maestro original cuando éstas son claras y basadas en la Verdad. Aunque es obvio, no ha quedado claro en muchas de las religiones en que se ha distorsionado el mensaje y se ha incluido la culpa, el castigo, los juicios severos y hasta la tortura como parte de su doctrina.

La fijación en utilizar la culpa y el pecado ha ocasionado un refuerzo exagerado de la victimización en el colectivo humano. Es claro que, a lo largo de la historia, se han inventado todo tipo de "pecados", provocando una importante distancia entre el humano y la Consciencia Mayor o Dios. Los bajos estados de conciencia se relacionan con un Dios castigador, juicioso y severo que valora el sacrificio y el sufrimiento.

La experiencia de un Dios está más allá de la percepción dual, de los posicionamientos, de conceptos buenos o malos, de ganancias o pérdidas. Independientemente de si crees o no en Dios, la concepción que tengas de él en tu estado de conciencia habla ya sea de un entendimiento desde el ego, o una unión con la consciencia. El nivel de conciencia de cada individuo determina si la presencia de Dios, en su estado de conciencia, es de paz, serenidad y amor, una presencia que abraza por completo y deshace cualquier ausencia de amor.

Debemos salir de la idea del ego de relacionarse con un Dios vengativo, celoso; generador de odio, violencia, vanidad; juicioso, que tiene necesidad de adulación, de cumplidos y sacrificios. Muchas de las descripciones de Dios que se han hecho son producto de la imaginación errónea, proyecciones de culpa y miedos mentales.

La imagen que se ha creado de un Dios cruel, vengativo y castigador es compleja de borrar del estado de conciencia colectivo. A Dios se le hace responsable de lo que en realidad es un producto de la conversación del ego que se cimienta en la culpa, los pecados, el sufrimiento y la condena. El ego busca su salvación culpándonos o culpando a Dios, percibiéndose separado de él.

Experimentar a Dios/Consciencia no es posible para el ego, porque desde esta postura está sujeto a la percepción y se relaciona a partir de conceptos, etiquetas, imágenes y formas.

Las personas comprometidas con la Verdad no hablan de tener conversaciones con Dios, ni de ser dirigidos verbalmente por Dios. Esto sería dualista. En realidad el Yo, Dios y la Totalidad son una y la misma cosa. No existe separación entre el que habla y aquel al que se le habla. Una persona que vive una vida en consciencia toma la paz y el amor como oportunidades para unirse con el todo.

La mayor parte de la humanidad ignora que unirte en tu interior a la Consciencia o Dios te coloca en lo más alto de la Tabla de conciencia. En los estados de conciencia elevados la persona se vive como uno con todo, se disuelven los juicios y los pecados y surge una gran responsabilidad por la vida y cómo interactuamos en ella. El poder para crear se potencializa cuando nos acercamos a estos niveles, porque el mundo físico no contiene el dominio de la creación, todo se crea en la consciencia y se plasma más adelante en el plano físico como un efecto.

Cuando operamos desde niveles bajos en la tabla nos sentimos separados, minimizados y culpables. Es importante reconocer que Dios o la Consciencia Mayor no son más que parte de nuestra propia consciencia, y nos sentimos alejados de nosotros mismos con los conceptos creados de separación. Es interesante reflexionar en estas nociones, porque creas o no en Dios, la idea colectiva que tienes de él marca la relación que tienes contigo mismo.

SALIR DE LA DUALIDAD

Salir de la dualidad es imperativo para la paz y la conexión con el todo; la no dualidad es la Verdad en la que realmente vivimos. Creer que estamos iluminados o en el estado del ego es erróneo y dual: siempre estamos iluminados como estado de conciencia, y cada espacio en que vislumbramos paz trae alegrías y una integración de nosotros con la consciencia iluminada permanente. Cuando uno establece un nuevo estado de conciencia, por mínimo que sea, la confianza reemplaza al miedo y el bienestar emocional sustituye a la angustia. Se facilita la vida.

Todo enojo o condena debe ser disuelto en algún momento por el perdón y el amor, con el fin de no desviarnos por la falsedad. El motivo principal de las relaciones humanas debe prevalecer en la paz y la serenidad, en presencia. Esto se sustituye por la estimulación emocional, la excitación superficial, el entretenimiento o el drama. Una herramienta funcional para erradicar la falsedad en este proceso es la humildad (soltar un punto de vista), ya que un obstáculo mayor es el orgullo (sumar una opinión o juicio a lo que es). Éste provoca limitaciones en la consciencia.

En la historia de la humanidad se pueden ver los resultados de vivir arraigados a la falsedad. Tanto países como individuos se han destruido o han desaparecido por seguir una programación colectiva basada en un sistema de creencias limitantes. Hoy en día, con una prueba de kinesiología queda al descubierto lo que vive en falsedad, y que se pueda así evitar su desarrollo y ramificaciones.

ALCANZAR LA ILUMINACIÓN

Hay seres que han conectado de manera natural con la iluminación de la consciencia, como Ramana Maharshi (maestro hindú nacido en 1895 que encuentra la iluminación a los 16 años por una experiencia con la muerte, momento desde el cual se hizo presente en él un poder que reconocía con facilidad a su verdadero ser fuera de las ilusiones mentales; fue un gran maestro durante décadas). Pero para la mayoría esto se vuelve el deseo de estar iluminado o tener un mayor entendimiento de la vida. El buda reconoce que el ser que sabe que puede acceder a espacios de iluminación pone esto como el gran objetivo de su experiencia de vida.

Pero en muchas ocasiones el *buscador* se esfuerza y pone gran firmeza en su deseo y lo convierte en anhelo, y aquí radica una gran trampa: el ego. Éste cree que existe un "yo" (personalidad) que busca un "eso" (el estado de iluminación). Es el camino del ego iluminado. Para realmente soltar debemos comenzar por comprender que no hay *yo* y no hay *nada* que buscar o alcanzar. No hay nada que exista en este momento separado de ti, ni en otra dimensión, ni en otro tiempo. Sea cual sea el obstáculo, éste radica en pensar que el ego es el "yo", el cual hace el esfuerzo, es el que se siente vacío y necesita ser iluminado. Es efectivo saber que el ego no existe, es un fenómeno de la percepción, lo mismo que el concepto mental del "yo". Vivir en la verdad sólo requiere permitírtelo en este momento, al soltar todas tus identidades creadas, tus roles e ideas acerca de ti que te exigen ser de una forma, las exigencias de otros y de cómo está tu vida. Así de sencillo. Es acceder al amor y sustituir el impulso de la búsqueda de necesidades creadas. Estar al servicio de la vida debe ser el objetivo elemental. Ser un conducto del amor es dejar de lado la idea de que te falta algo, y rendirte completamente a vivir en sencillez interior.

A partir de la satisfacción y la humildad, el resto del proceso se da solo.

¿QUÉ ES CONSCIENCIA?

Es común que se confunda vivir consciente con lo "espiritual", lo "religioso", lo "sobrenatural", con "aspectos astrales" o "new age", pero en realidad sólo son conceptos diferentes, y algunas veces confunden. Pueden existir diferencias entre las religiones, pero no en las verdades de las enseñanzas espirituales. La religión puede variar en sus dogmas y esto puede dividir, mientras que la consciencia une.

La consciencia es autoexistente, total y completa, sin duración o partes, abarcando todo lo que es, sin admitir divisiones.

Desde un punto de vista humano, la religión se sostiene en sistemas de creencias, rituales y fundamentos específicos. Requiere ser o no un creyente, pero la consciencia existe por sí sola, no tiene un sistema de creencias, no se sostiene por dualidad y está presente creas o no en ella. La consciencia es todo lo que existe, lo que vemos y lo que no vemos. Todo tiene un nivel vibratorio y un estado de conciencia verificable por la ciencia y el intelecto.

Vivir conscientes nos invita a ver humanos por igual, libres, en un entendimiento más profundo que extiende nuestra capacidad de amar. Los fundamentos son el perdón, la paz, la gratitud, la bondad y la generosidad. La verdad universal consciente vive en paz, armonía, acuerdos, amor y compasión. Todo lo que no va en relación con esto es falso y es una ilusión del ego.

EL VELO INVISIBLE

> "El conflicto básico del ser humano es que la mente
> es incapaz de distinguir la verdad de la falsedad."
>
> DOCTOR DAVID HAWKINS

La humanidad está regida en gran medida por la falsedad, bajo todos sus mecanismos de seducción, como el patriotismo, la religión, el bien social, los medios de comunicación, las redes sociales, la imagen, la competitividad, etcétera. A lo largo de la historia todos los bárbaros que han existido han sido el resultado de la fuerza, siendo el poder el antídoto de esto. La fuerza se cimienta en la falsedad; el poder se basa en la Verdad. A su vez, la falsedad se deshace cuando queda revelada por lo que es; mientras que el poder de la Verdad es invencible y no requiere ningún tipo de sacrificio, argumento, defensa o conflicto.

La trascendencia de Krishna, Buda, Cristo y Mahoma no fue por su presencia física en el mundo, sino por la Verdad en que vivieron y sostuvieron. La energía (calibrable) que emanaba de cada una de sus enseñanzas tiene todavía un impacto en el colectivo. La verdad no tiene opuestos, no se tiene que defender y nos regala la libertad.

Nos enseñaron que esto es posible en cada uno de nosotros a partir de la voluntad personal. Éste es el paso para la humanidad: desvanecer las ilusiones de la falsedad generadas en la mente dormida.

Al ser capaz de tocar mi inocencia, soy capaz de verla en ti, así todas las defensas caen y con ellas el miedo a vivir.

LA VOLUNTAD

Es la voluntad personal lo que cambia al colectivo de una manera no visible pero profunda, ya que el poder no tiene opuesto ni enemigo probable. El poder es inmune al ataque e invulnerable. Todo tiene que ver con lo que eliges vivir en cada momento.

Al vivir creyendo todo lo que pensamos, reaccionamos de manera constante ante el plano exterior, que es lo común y aceptado socialmente. En realidad pocas personas saben que existen otras opciones. A través de la observación interior y el autoconocimiento es posible comprender que todos los estados de conciencia son el resultado de una opción. Si sentimos incomodidad o limitación, nos hemos identificado con la *falsedad*; si sentimos libertad, posibilidades y un fluir ante la vida, nos hemos alineado con la *Verdad*.

La realidad es que no eres controlado por tu mente. Los pensamientos aparecen como posibilidades, disfrazadas en forma de recuerdos, fantasías, miedo, conceptos. Para liberarse del aparente control de la mente sólo debes reconocer que el despliegue de temas mentales no es más que una programación arbitraria de posibilidades que se manifiestan a través de la pantalla cerebral en ti, y en todos los seres humanos. Y lo mismo para los pensamientos: tú decides identificarte con ellos y ponerles atención, o no hacerlo.

Por ejemplo, no estás obligado a permanecer en pensamientos que provocan resentimiento ante un evento que calificas como negativo. Esto no tiene necesariamente que llevarte a pensamientos que pintan un pasado lleno de desilusiones. Son sólo elecciones mentales. Tienes el poder de elegir entre distintas posturas, sin seguir ningún pensamiento en particular. El evento pudo causarte dolor, pero seguir sufriendo ya es una elección cuando observas que esto tiene que ver con los pensamientos con los que impregnas lo vivido.

La cultura nos impulsa a reaccionar desde el sufrimiento a eventos que el colectivo califica como "malos". Éstos son algunos:

• La infidelidad
• El cierre de un negocio
• La muerte
• Una enfermedad
• La drogadicción
• Un divorcio
• Una discusión
• La separación familiar
• La crítica de otros a nosotros

Los anteriores son sólo algunos eventos a los que estamos expuestos en nuestra vida. La cultura nos dice que si algo de esto sucede, se sufre, y te da las pautas del significado que debes darle. Aunque, efectivamente, en su momento algo de esto nos puede causar dolor, todo ello se puede llevar a un mayor entendimiento y se puede vivir desde la paz. Para eso debes estar dispuesto a romper con las fidelidades invisibles que tienes con la cultura, con el fin de serle fiel a tu naturaleza, que es el bienestar. Debes crear un nuevo significado para ti acerca de los eventos del exterior en el que la opción del perdón y la paz estén disponibles.

La ganancia secundaria que existe detrás de estas opciones cuando nos quedamos en el canal de las telenovelas radica en la recompensa interior o placer erróneo que ofrecen. Éste puede estar anclado a nuestra adicción al drama o al conflicto, o a nuestra necesidad de pertenecer.

Si las ganancias ocultas se resisten porque ya no vemos beneficio en ellas, te darás cuenta de que, en todo momento, por detrás de la pantalla de los pensamientos, existe un espacio de silencio, de gozo, libre de pensamientos. Esta opción está siempre presente, pero para vivirla, debes elegirla sobre el resto de las opciones incitadoras.

El origen del gozo está presente, siempre está accesible y no está sujeto a las circunstancias. Para conectar con él existen dos obstáculos:

1) No reconocer esto como posibilidad.
2) Darle valor a cualquier otra cosa en lugar de a la paz y la alegría, debido al placer oculto que nos brinda.

Libera a la Consciencia Mayor; lo que no se alinee con la paz y el amor, y todo lo falso desaparecerá.

LA CONSCIENCIA Y LA CIENCIA

En los últimos años la visión científica ha dado un giro significativo. Mucho tiempo comulgamos con la ideología de la ciencia basada en el materialismo, determinista del paradigma lineal newtoniano de la realidad, lo que la colocó en el nivel de conciencia del 499, que es el nivel de Newton, Einstein, Freud y todos los demás grandes pensadores y científicos. Esto cambió después del descubrimiento de la teoría del caos, de la comprensión de la dinámica no lineal. Abrió un puente de comprensión entre la ciencia y la consciencia.

La revelación se da cuando los obstáculos de la "lógica" se deshacen, los cuales desaparecen al quitárseles las bases. Desde el punto de vista humano, lo que bloqueaba un entendimiento más profundo era la comprensión de la causa no lineal ni visible que gobierna el plano físico. Creer en algo separado como un Yo (o ego) separado, autoexistente e independiente provoca entrar en un lugar interminable de autodefiniciones. Éstas son falsas, ya que son etiquetas de la percepción.

Por tanto, para trascender la identificación con el Yo se requiere desprenderse de todas las definiciones generadas de conceptos mentales, para llegar a la humildad radical restringiendo los pensamientos y las opiniones, asimismo estar dispuesto a reconocer que la mente no "sabe", o no "conoce" nada en realidad, y que el verdadero conocimiento de la consciencia, a nivel científico, queda fuera de lo que se puede poner en palabras y métodos científicos comprobables. Esto ha sido un gran reto para los estudiosos de la física cuántica, pues reconocen que entre más la estudian menos la comprenden desde una perspectiva conceptual. El resultado nos lleva a rendirnos a un universo que nos obliga, a su vez, a rendirnos al misterio de la creación y nuestra participación en él.

Bienvenido a la Verdad.

¿Qué aprendimos en el capítulo 3?

- En la introducción a este capítulo se muestran estudios científicos con las implicaciones que hizo el doctor David Hawkins acerca del tema de conciencia, a partir de los cuales surge la tabla que exponemos en el capítulo 1. Nos muestra con detalle las diferencias entre vivir en falsedad y verdad en la tabla y cómo esto modifica el estado emocional, el entendimiento, el sentido de posibilidad y el comportamiento de los seres humanos.

- Más adelante se explican las características del autor o maestro de enseñanzas y se indica que el ser humano no tiene la capacidad innata para diferenciar entre la falsedad y la verdad. De ahí la importancia de conocer el nivel energético calibrado de cualquier enseñanza o maestro. Habla acerca de la importancia de reconocer que sólo existe una Verdad, y ésta es un estado de conciencia sostenido en el amor. Ésta es la misma para todos los seres humanos y la solución a todos sus dilemas. Lo que alguien te muestra son herramientas que en sí no tienen valor, ya que el objetivo de cualquier enseñanza o metodología es revelar la Verdad que vive presente en tu mente. Por otro lado, nos invita a evaluar nuestra idea de Dios para que ésta se establezca en la no dualidad, ya que la manera en que nos relacionamos con la idea de él habla de la relación que tenemos con nosotros mismos.

- Nos enseña que salir de la dualidad es imperativo para la paz y la conexión con el todo. La no dualidad es la realidad en la que realmente vivimos. Cuando estamos arraigados a la falsedad en la tabla, experimentamos un mundo dual de contrastes y juicios; en la Verdad, en la tabla disolvemos la dualidad y todo lo disfuncional que crea relacionarnos con un mundo de aparentes antagónicos y enemigos. Con una prueba kinesiológica queda al descubierto lo que vive en falsedad para evitar su desarrollo y ramificaciones.

- Se explora la idea de la iluminación desde la perspectiva del ego, que la observa como un concepto más, creyendo que hay un yo y algo que alcanzar. Nos invita a suspender la búsqueda espiritual desde el ego y sólo permitirnos vivir en iluminación, que es el sabernos unidos al todo, es rendirnos completamente a vivir en sencillez interior. No hay nada que sumar, es un proceso de reconocimiento de quien eres realmente en todo momento. No existe la iluminación en un futuro, es algo que vivimos en el ahora como un estado de gracia otorgado a todos los seres humanos.

- ¿Qué es consciencia? Con esta pregunta aclaramos que la Consciencia no es espiritualidad, religión, algo sobre natural, o *new age*, sino que es autoexistente, total y completa, sin duración o partes, abarca todo lo que es, sin admitir divisiones, prevalece en todo cuanto existe en el universo.

- Se nos explica que 78% de la humanidad vive condicionada por la falsedad y no lo reconoce. Esto se convierte en un velo invisible que frena nuestra evolución. Vivir así invita a la fuerza, el esfuerzo, la lucha y el sacrificio, vivimos sometidos por el miedo. Grandes maestros nos mostraron cómo vivir en la Verdad, que a su vez es vivir en poder. Ya que la Verdad no tiene opuestos, no se tiene que defender y nos regala la libertad.

- Aprendimos que la voluntad es lo que cambia a un individuo o al colectivo de una manera profunda. La cultura nos impulsa a reaccionar desde el sufrimiento frente a la gran mayoría de los acontecimientos de la vida. Para romper con esto, la voluntad personal es lo que se requiere para darle lugar a la paz y la alegría como nuestra respuesta ante la vida.

- Por último, en este capítulo se explica el cambio de paradigmas que ha tenido la ciencia en los recientes años y cómo para algunos científicos el movernos de la hipótesis de la visión mecanicista ha abierto grandes preguntas que nos llevan a rendirnos a un universo en el que el misterio de la creación y nuestra participación en él está fuera de nuestro entendimiento desde el punto de vista científico actual.

Capítulo 4

Crear tu vida desde la consciencia. Manifestación y los deseos de tu corazón

¿LA CONSCIENCIA ES LA REALIDAD?

La consciencia como la única realidad es la premisa para comprender que la sustancia que crea los fenómenos de la vida tiene su causa en un plano que no vemos. Tus circunstancias e incluso los objetos materiales que están presentes en tu vida son en realidad el producto de la propia consciencia. La vida que experimentamos no se crea, sino que se manifiesta por la disposición del estado de conciencia. La sustancia más "diminuta" de todas las cosas es la consciencia presente.

Si soltamos la idea de que la consciencia es una entidad separada de nosotros, estamos más cerca de la Verdad, ya que ésta reposa en todo lo existente. Cuando sabemos esto, vivimos nuestra vida con responsabilidad y transformamos nuestro mundo en un campo fértil.

Nuestra grandeza va más allá de lo que nos permitimos ver. Somos uno con todo, con el universo, el Poder Mayor, y con la consciencia ilimitada. No existen barreras entre tú y la Consciencia Mayor. Mientras que creas en algo separado de ti, continuarás transfiriendo el poder de tu vida, y olvidarás que tú eres el que la concibe en mayor medida.

Manifestar o crear tu experiencia de vida es más profundo que ordenar o corregir las situaciones mundanas, o hacer poderosas afirmaciones. La palabra y la emoción deben surgir alineadas como una extensión de un estado de conciencia de Verdad en la tabla.

Vuélvete consciente de poseer y ser aquello que deseas vivir, pues esto es lo que expresarás o manifestarás. Conscientemente declara lo que deseas; vuélvete uno con la consciencia y con lo que sueñas.

En el libro *El poder de la conciencia* Neville Goddard expresa claramente el poder de la imaginación, que crea tu experiencia de vida. Dice así: "En otras palabras, tu consciencia es la única realidad, entonces debe también ser tu única sustancia [...] lo que aparece frente a ti como circunstancias, condiciones e incluso objetos materiales son realmente el producto de tu propia consciencia".

Él dice que sólo podemos ver la realidad en el presente, al tomar conciencia de que todo ya existe dentro de nosotros: "Toda la creación existe en ti y es tu destino hacerte cada vez más consciente de sus infinitas maravillas y experimentar cada vez más grandes porciones de ella".

Saberte el creador de muchos de los contenidos de tu vida te convierte en un observador mucho más agudo de todo lo presente en ella. A través del poder de tu propia consciencia intensificas el aprecio por la riqueza y la grandeza de vivir.

La realidad se encuentra más allá de toda forma y, no obstante, es intrínseca a ella.

"Es tu destino elevarte a estados de conciencia superiores con el fin de manifestar las maravillas infinitas de la creación."

NEVILLE GODDARD

Hoy, abre la puerta a tu gran vida. Aborda tus experiencias con un replanteamiento de tu estado de conciencia. Asume lo más noble para ti en todos los aspectos de tu vida.

Los seres humanos *sólo* somos conscientes de lo que nos hemos declarado ser, o de quienes asumimos ser en determinado momento o ante cualquier situación. En otras palabras, nuestra vida la manifestamos en relación con nuestro estado de conciencia y en resonancia con éste.

Si, por ejemplo, vivimos en la tabla en una conversación constante que nos tiene en 30, el nivel de la culpa, viviremos sembrados en palabras que condenan. Vivimos y experimentamos situaciones, escenarios, relaciones y eventos relacionados con culpar, atacar, defender, desaprobar a uno, a otros y a la vida.

Utilizaremos nuestra imaginación para recrear escenarios de sufrimiento, y proyectaremos aquello que no somos conscientes de ver y trabajar en nosotros. Saber esto es la solución a nuestros "problemas", pues en nosotros vive el poder de decidir si nos aprisionamos o nos liberamos.

Al vivir en consciencia despiertas al ser. Accedes a infinitas posibilidades con tu vida. Cuando imaginas escenarios hermosos para ti, elevas la consciencia a la naturalidad de ser lo deseado, lo bello, y esta imaginación manifiesta más de lo que sí deseamos.

Si en cada momento generas en tu mundo aquello de lo que eres consciente de ser y recibir,

Pregúntate:

¿Estoy satisfecho con lo que estoy experimentando en este momento?

Acuérdate de que la única forma de cambiar tu experiencia actual es apartar tu atención de lo que te parece tan real ahora, y elevar la mirada a lo que desear ser y vivir.

Pregúntate:

¿Quién creo que soy?

Pon atención cuando contestes esto, porque todos los conceptos que crees acerca de ti determinan tu vida. Sal de la creencia de que eres tus roles, pasado, historia, éxitos, fracasos, etcétera. O tu personalidad.

Tu respuesta a "¿quién soy?" determina tu estado de conciencia. Mientras que te describas como el enfermo, el pobre, el traicionado, la divorciada, el humillado, la discriminada, etc., continuarás creando situaciones semejantes a esa idea de ti. Observa quién has creído ser, cómo el velo de estas creencias esconde el ser que realmente eres.

El *Ser* no es rico ni pobre, fuerte ni débil, merecedor o no, blanco ni de color. En otras palabras, no hay griego ni judío, hombre o mujer. Todas estas etiquetas son sólo concepciones o limitaciones de lo que en verdad eres: ilimitado.

Reconócete separado de un "yo", obsérvate como un ser ilimitado, capaz de ser paz, abundancia, aceptación, amor incondicional, etcétera.

Primero sé consciente de ser, después sé consciente de ser humano. Obsérvate sin rostro. Esto es liberador. Así sueltas las identificaciones falsas que has creído de ti. En vez de vivir en la creencia "YO SOY humano" experimenta un "YO SOY", para que algo más profundo surja.

> Renace: nacer de nuevo es simplemente pasar de un estado de conciencia a otro.

Declara "Yo Soy" sabiendo que eres lo que deseas vivir. Hazlo durante el día, frente a lo que ves y experimentas, hasta que se aleje la sensación de sentirte separado de tu vida. Encontrarás que todo lo que te rodea es simplemente como tú lo experimentas. La declaración "Yo Soy" suelta ideas y conceptos limitantes, te conecta con tu verdadera esencia. Es la ruta para que experimentes la libertad de lo que ya eres en este instante.

Antes de que el hombre pueda transformar su mundo, primero debe sentarse en la base "Yo Soy". Saberse el creador. Declara: "Yo Soy", y respira profundo, quita tu atención de la percepción y lo que crees real.

Cuando sientas limitación, enojo, frustración o desconfianza, piensa que tienes la posibilidad de soltar. Enfócate en dejar atrás el ancla que te ata al mundo de la percepción. Buda expresaba que no había valor en juzgar, porque la percepción sólo percibe ensueños.

Es momento de empezar a verte como un ser completo, pleno, inocente. Apreciarte es clave. Comienza a vivirte fuera de cualquier carencia, responsabilízate del poder que tienes en todo momento y ante todo.

Despierta al dominio que tienes sólo por ser, no como un ser humano, sino como tu verdadero yo, como una consciencia sin forma limitada. Así te liberarás de la prisión autoimpuesta por las nociones que has acumulado acerca de ti. Eres más grande de lo que eres consciente de ser en todo momento.

LOS DESEOS Y LA MANIFESTACIÓN

Los deseos del corazón son una semilla dentro de ti que nació contigo, que contiene tanto el poder como el plan de la autoexpresión. Tu consciencia es la tierra fértil para que el florecimiento de lo que llevas dentro se produzca. En este momento comienza a conectarte con una certeza inquebrantable de saber que ya eres todo lo que desea tu corazón.

> Tú eres la puerta y el vehículo por donde pasa el mundo de lo no manifiesto al plano físico.

No inviertas tu energía tratando de cambiar el exterior. Todo vive ya dentro de ti, y más adelante lo verás en el mundo exterior. La intención de permitirte ser lo que deseas es muestra de que aceptas la vida. Abre tu mente para que el universo, vestido de tu deseo, entre en tu mundo. Haz posible lo imposible a través de la certeza de que ya eres lo que deseas vivir.

En este momento ponte en silencio, no importa lo que estés viviendo, apártate mentalmente y conecta con tu interior. Ten la seguridad de que no hay nada separado de ti, eres en este instante ese perdón, esa casa, ese viaje, ese proyecto. Si existen en tu mente, están en tu vida, pon tu ser en íntima conexión con tus sueños.

Pierde toda concepción de lo que parece "real" o "lógico". Defínete como tu deseo sintiendo un bálsamo en tu interior. No necesitas *hacer* nada ahora. Las obras están terminadas. Sólo deja caer la idea de quien has creído ser y sustitúyela por la concepción ideal de ti.

La Virgen es una representación psicológica de esto. Su historia es la fábula de todo hombre. Representa la consciencia del ser, la que siempre permanece virgen, por muchos deseos que engendre. Reconócete impregnado a través de los deseos de tu corazón, vuélvete uno con tu imaginación hasta el punto de encarnarlo, darlo a luz y materializarlo.

Cualquier cosa que deseas conquistar es ya un hecho existente, presente en el espacio de la consciencia. Elimina de tu mente pensamientos que te alejan de la posibilidad de no ser capaz de manifestar lo que deseas vivir. Si la mente está en paz, conecta con la intención interior, y germina lo deseado en el plano físico.

Cuando asumimos un deseo, se hace un trato. Se une la consciencia y lo deseado, lo vivimos como un llamado.

Por ejemplo, si es un estado de salud, un estado emocional, un proyecto o algo en el plano físico, antes de que tengas evidencia de esto en tu mundo, empieza a ver cómo lo exterior se alinea a la intención de tu deseo y esto genera un campo energético. En el momento en que alcanzas la sensación de sentirte a la altura de tu deseo como estado de conciencia empatas con él, haces el acuerdo dentro de ti. Así sellas lo convenido.

Piensa en algo que crees que está fuera de tu alcance, imagínalo en el presente inmediato con el mayor detalle posible, viviendo, vistiendo, hablando, con la naturalidad de que esta nueva idea de ti y de tu vida ya es. Si practicas esto en tu ojo mental, tu mundo actual de limitaciones se desmoronará a medida que tu nuevo estado surge, con todo y un nuevo camino de posibilidades.

Si no ves esto posible porque una preocupación hoy en día acapara tu vida, no te pelees con ella, porque de lo contrario obtiene lo más valioso de ti: tu atención. ¿Para qué? Tu atención la hace viva para ti. Aparta tu *ojo* de tu problema y colócalo en tu sueño, asumiendo tu poder. Pon la atención en un final feliz.

Digamos que en el cine hay una película que tienes muchas ganas de ver, pero antes de ir a verla tu amigo te cuenta el final feliz. Sin embargo, como quieres ver cómo se desarrolla, decides ir al cine de todos modos. La película despierta muchas emociones, pero tú, como ya sabes el final, permaneces tranquilo con el entendimiento de que independientemente de la dirección aparente de la imagen, el final ya ha sido definido.

De la misma manera ve el final de tu camino; sé testigo del *final feliz*, sintiendo conscientemente que expresas y posees lo que deseas expresar y poseer; y, por tu certeza, el final nacerá de la confianza de este conocimiento. Esta confianza debe sostenerse durante el tiempo que dura la película, lo mismo en tu proceso de vida.

El camino espiritual no consiste en llegar a un nuevo destino en el que se gana lo que no tenías o te conviertes en lo que no eras. Consiste en disipar la ignorancia que tenías acerca de ti y la realidad. Es el crecimiento gradual de un entendimiento más profundo que comienza con nuestro despertar.

> Yo, la Mente Mayor, o la consciencia son lo mismo y la realidad última.

Como hemos comprendido, la consciencia del ser es la puerta por la que pasan las manifestaciones de la vida al mundo de la forma. Crearás aquello que imaginas, pueden ser escenarios de terror o una vida placentera. En este entendido radica tu poder de creación.

Si cuestionas todos los pensamientos y creencias acerca de la Consciencia Mayor, Dios, el universo, o la mente, te darás cuenta de que no existen como entidades distintas o separadas. Para la mayoría de las personas son sólo conceptos con diferentes nombres. Deja caer los nombres y sumérgete en la experiencia de ser uno, como creador.

HÁGASE TU VOLUNTAD

Muchos no somos conscientes de lo poderoso que es el lenguaje. Inconscientemente declaramos oraciones como:

- No puedo
- Es muy difícil
- No soy capaz
- Tengo miedo

- No es para mí
- Es muy complicado
- No en este momento

Esto que decimos de forma vaga permea en nuestro estado de conciencia. Acuérdate de que el lenguaje define tu posición en la tabla. Éste imprime lo que crees de ti y de la realidad y te paraliza justo en lo que declares. Si dices que es muy difícil, lo que verás fuera de ti es dificultad, y te quedarás en anhelo, mismo que en la tabla calibra en falsedad, frecuencia 125. El lenguaje, según su calibraje, se vuelve el candado que nos ata a niveles de conciencia.

Usa el lenguaje en presente y de manera que abra todas las posibilidades. Al hacer algo futuro nos alejamos de nuestro deseo, pues este instante es la puerta de la manifestación. A menos que seas consciente de *ser* ahora, lo apartarás de ti. Trae luz al reconocimiento de lo que es, no de lo que será.

> Tu voluntad está hecha ahora.

Por ejemplo, al decir: "Estaré bien", declaramos: "Estoy enfermo". En lugar de luchar contra la evidencia de los sentidos, afirma lo que deseas: "Estoy bien", y reconoce la parte dentro de ti que está bien, que está en paz. El fin no es manipular el cuerpo, sino reconocer, en este caso, que no somos él y que la mente tenga claridad, para nuestra salud.

Cuando un escultor está frente a un bloque de mármol, ve dentro de la piedra su obra de arte terminada. El escultor simplemente remueve la parte del mármol que oculta su concepción. Lo mismo se aplica a ti. En tu consciencia está enterrado todo lo que concibes real para ti. Este reconocimiento te transforma, de alguien que trabaja desde el esfuerzo para conseguir algo, en un artista que trabaja desde la inspiración con el fin de revelar algo.

Erradica de tu vida la idea del sacrificio o la lucha. Esto viene de estados de conciencia bajos que se enfocan en el hacer y no en el ser. Elimina tu atención de los obstáculos presentes para ti, y ponla en lo que deseas ser y vivir. Lo que se te pide es que aceptes tu deseo. Si te atreves a alinearte a él, lo vivirás. Haz esto y sabrás que has conectado con el campo no manifiesto, haciendo que lo invisible sea visto a través de ti.

Lo que te roba el poder muchas veces de manera invisible a través de tu lenguaje son tus propias creencias no funcionales. Es lo que crees de algo y no la situación en sí, ni una persona, lo que te frena a volar.

Cuando el ser humano vive sembrando sus opiniones, creencias y posturas, esto le da una falsa autoridad que confunde con poder. No manifestamos a través de posturas, sino por estar abiertos a la vida.

> Expresamos lo que somos conscientes de ser. Un cambio de conciencia produciría un cambio de expresión en tu vida.

LA PIEDRA FUNDAMENTAL

> La base de toda expresión de creación real en la vida es la consciencia.

Lo que soy consciente de ser, como "soy abundante", "estoy sano", "soy libre", es desde donde partimos en el interior para relacionarnos con la imaginación. El mundo es el espejo que magnifica todo lo que yo soy consciente de ser.

Retira el esfuerzo de querer cambiar al mundo, éste es tu reflejo. El intento del hombre de cambiar al mundo es como romper un espejo con la esperanza de cambiar tu cara. Deja el espejo y cambia tu interior. Deja el mundo en paz y cambia la concepción de ti y de lo que crees ver. Así veras un reflejo bello e inocente con todas las posibilidades a tus pies.

La libertad o la limitación, la satisfacción o la frustración aparecen por lo que decides observar.

Digamos que hoy tienes un problema que acapara tu cuerpo emocional. Si quieres trascender su duración o su magnitud, la siguiente práctica te va a ayudar.

Ejercicio:

Hazte la siguiente pregunta:

¿Cómo me *sentiría* si fuera libre, si viviera en perdón, en paz, en unión, feliz, a partir de mis sueños, sano, abundante, en soluciones, si fuera directo, completamente responsable de mi vida?

Respira en este momento y húndete en el planteamiento. Anota todo lo que surja para ti y vívelo como verdad en tu ojo interno, con el mayor detalle posible.

Cuando te comprometes a soltar el enganche emocional "del problema" y te permites una nueva postura emocional, realmente te liberarás del "dilema mental". Acuérdate de que lo que más nos engancha es lo que sentimos, para bien y para mal.

Si vives, por ejemplo, decepciones, no culpes a las circunstancias, sino observa cómo hay una línea directa en lo que crees y su cumplimiento en el plano físico. Tu relación con la vida se desprende de tu estado de conciencia; cuando estás identificado con la falsedad, te pone en modo víctima, lo que no permite que diseñes alternativas para experimentar una nueva realidad.

Antes de que exista cualquier estado de definición mental, hay infinitas posibilidades; cuando todo lo creído deja de existir, la consciencia sigue ahí. Las concepciones definidas acerca de ti no son más que expresiones efímeras de tu ser permanente. Muchas de ellas son el resultado de la programación. No te enfoques en el futuro, sino en lo que imprimes en este momento en tu estado de conciencia.

Cambiar un pensamiento por otro, en realidad, es sólo maquillarlo. La transformación real sucede cuando retiras la raíz que le da fuerza: lo emocional que tienes ahí depositado.

Conéctate con una emoción que te regale liberación. Sonríe, respira. Una vez que la sientas, aprópiate del sentimiento y la alegría de un cambio de conciencia.

Aprende a ser selectivo en lo que te dices y aceptas como verdadero. Todo lo que el ser humano acepta como verdad deja una impresión en su estado de conciencia. Recuerda que las características o atributos que parecen moverse en el mundo exterior en realidad son proyecciones de tu interior.

Las cosas serán cuando las creas reales para ti.

LAS ASUNCIONES SE MATERIALIZAN EN HECHOS

Esta parte del libro tiene el objetivo de disolver el velo de los sentidos, y así nos permitimos viajar a otro mundo. Para ello no se necesita de esfuerzo, sólo la voluntad de desviar nuestra atención de la "realidad objetiva".

La atención implica selección: cuando pones tu ojo en algo, colocas también tu poder en el objeto, en la situación o en otro. Al comprometerte con tus asunciones,* tu atención y tu intención al salir al mundo se dirigen a tu deseo cumplido.

Aprende a entrenar tu atención.

Ejercicio:

En las noches, cuando te acuestes, lleva tu atención a las actividades del día en orden inverso. Enfoca tu atención en lo último que hiciste, piensa hacia atrás sobre los eventos

---

* En este caso *asunción* se refiere a asumir, hacer como…, pero también a acceder, ponerte por encima de…, elevarte más allá de lo que crees de ti, de otros y de la realidad para trascenderla.

hasta que llegues a la primera actividad del día. Este ejercicio parece fácil, pero no te sorprendas si resulta un reto. Los ejercicios mentales ayudan a desarrollar la habilidad de dirigir la mente a voluntad y no que ella nos lleve a su merced por narrativas destructivas.

Tu atención debe ser desarrollada, direccionada y estar muy concentrada con el fin de que desarrolles una relación funcional con ella. A través de la mente transformamos la vida, de acuerdo con la dirección interna de tu atención. El gobierno de tu vida interior se desarrolla como cualquier otro hábito.

Reflexiona:

Cuando te enfocas en algo, haces suposiciones de lo que observas. Creemos que el mundo físico "es real", pero para cada uno es un mundo de lo que asumimos de él. Nuestra experiencia de vida a veces simplemente es el resultado de "expectativas" y "suposiciones". Y esto determina lo que ves, lo que haces y cómo vives.

"Cuando cambias la forma en que miras las cosas, las cosas que miras cambian."

Wayne Dyer

Un ejemplo de Neville Goddard nos describe esto en el día a día:

Una diseñadora de vestuario me contó sus problemas para trabajar con un destacado productor de teatro. Decía que él la criticaba constantemente y rechazaba injustamente sus mejores trabajos. Que era grosero e injusto con ella.

Al escuchar su historia, le expliqué que, si lo percibía así, era una señal de que llevaba esto dentro, y que no era el productor, sino ella misma, quien podía hacer una transformación, no peleando sino indagando dentro de sí.

Le conté que el poder de la ley de la asunción y su aplicación práctica sólo pueden descubrirse a través de la experiencia. Asumiendo que la situación ya era satisfactoria para ella, podía producir el cambio deseado.

Su empleador daba testimonio, con su comportamiento, del concepto que ella tenía de sí misma, y también era probable que ella mantuviera conversaciones con él en su mente que estaban cargadas de críticas y recriminaciones.

Le pregunté si discutía mentalmente con él, y cómo eran esas conversaciones. (Otros sólo se hacen eco de lo que uno se susurra en secreto). Ella me contó que todas las mañanas de camino al teatro peleaba con él en sus pensamientos, de una manera que no se habría atrevido a hacerlo en persona. La intensidad y la atención que ponía a estas discusiones mentales establecieron lo que aparecía en su realidad.

Muchos vivimos en conversaciones mentales, y muchas de éstas son conflictivas… sólo tenemos que ver a las personas en la calle para darnos cuenta de en dónde tienen puesta su atención. La mayoría vive hipnotizada por su conversación interna. No reconocen que al reforzar mentalmente conflictos, depresión, miedos, se condicionan con la misma intensidad emocional que carga su relato mental. De esta forma nos separamos de la felicidad y las posibilidades que están frente a nosotros en cada momento.

Al caer en la cuenta de esto, la diseñadora tuvo la voluntad de cambiar, asumiendo que su trabajo era altamente satisfactorio y su relación con el productor era armoniosa.

Para esto, antes de irse a dormir, de camino al trabajo y en otros intervalos del día imaginaba que él la había felicitado por sus finos diseños y que ella, a su vez, le había agradecido por esta alabanza y bondad. Para su deleite, todo mejoró, ella deshizo el gancho que la anclaba y soltó la insatisfacción interna.

Vemos que no son los hechos, sino lo que creamos en nuestra imaginación, lo que da forma a nuestra vida. La mayoría de los conflictos del día a día se debe a la creación del escenario en nuestra mente. Tus experiencias están determinadas por tus suposiciones, ya sean conscientes o inconscientes. Toda relación sucede en tu mente.

> "Deja el espejo y cambia tu rostro. Deja el mundo en paz y cambia tu concepción de ti mismo."
>
> NEVILLE GODDARD

Asumir es soltar lo que vives como real y lógico, "hacer como que…". Es vivir tus intenciones y la vida de tu corazón ahora, dentro de ti. Es verlo, olerlo, tocarlo, y ser el que ya vive esto como real. Si asumes que eres lo que quieres vivir, tu intención florecerá. No es algo por lo que luchas, es más importante sentir que ya lo eres. Creer y ser deben ser uno.

Aceptar este principio es estar dispuesto a vivir asumiendo conscientemente que los deseos de tu corazón ya están cumplidos. Esto enfoca dentro de ti tu intención y la atención con la que sales al mundo.

Vivir la vida desde el aro de tu Verdad es posible si te permites la alineación interna. Intentar cambiar el mundo antes de cambiar nuestro concepto de nosotros mismos es luchar contra la naturaleza de las cosas. No puede haber un cambio externo hasta que primero no haya un cambio interno.

COMO ES ADENTRO, ES AFUERA

Si nos emocionáramos tanto por nuestros deseos, como lo hacemos por nuestras aversiones, ascenderíamos al plano de nuestros ideales con la misma facilidad con la que descendemos al nivel de falsedad.

Toda transformación en el plano físico nace de la firmeza de desear una "renovación de la mente". Debes *querer* reconocerte para acceder a tu poder de creación.

Es momento de tomar la responsabilidad de vivir, lo que implica salir de toda posición de victimización. Aprende y usa las herramientas que viven dentro de ti. Tu transformación está en tus manos en este instante. Asúmete como el creador de todo lo que has vivido, perdona y comienza a crear una vida alineada a lo que quieres expresar con ella.

Dado que tu vida está determinada por lo que asumes como verdad, debes reconocer el hecho de que eres el dueño de tus suposiciones o su prisionero. Elige convertirte en el maestro de lo que asumes para ti y para tu vida. Ésta es la clave para dejar entrar la felicidad y que la libertad se materialice en tus grandes manifestaciones.

> El estado de conciencia que invita a la gratitud es poderoso, porque te vuelve uno en consciencia con lo que agradeces.

Por ejemplo, si estás encarcelado, seguramente quieres tu libertad. No te enfoques en las barras y las cuatro paredes, libera tu atención de la realidad física, mantén tu estado de conciencia siendo libertad. Comienza a *vivirte libre*, hasta el punto en que sientas esta libertad natural. Aplica este principio a toda situación del plano físico, disocia tu estado de conciencia de tus evidencias.

Digamos que en este momento tienes deudas. Por un tiempo siéntete rico, abundante, sin preocupaciones económicas, hasta que lo vivas dentro de ti como algo natural, y después, alinea tus acciones, conocimientos, hábitos y prácticas a este nuevo estado de conciencia.

Mientras te asumas carente y endeudado, esto formará parte de tu identidad y seguirás manifestando más de lo que ya no deseas. Quejarte de la falta de dinero es quedarte en un estado de conciencia de pobreza. Si la abundancia no empata con tu lenguaje ni con tu sentir, sólo harás resonancia con lo que asumas y repitas. Acuérdate de que como es adentro, es afuera, similar atrae similar. Es una ley de la física cuántica. Es importante alinear nuestra conversación interior con todo lo que es posible.

En este punto es necesario comprender que no es efectivo maquillar tu estado de conciencia con afirmaciones positivas, consejos, pasos a seguir o más cursos. No es lo que *hagas* en la superficie. La vida responde a lo que tú sientes, crees, asumes y eres consciente de ser. Lo que deseas escuchar afuera, debes escucharlo adentro.

Durante un tiempo sentí muchas ganas de salir al mundo, de volverme independiente y transmitir enseñanzas, escribir, volar por el mundo a diferentes experiencias, y conocer a personas de todas partes. Yo pensaba que me era complicado porque vivía en Estados Unidos, con dos niños muy pequeños y un matrimonio que atender. Al pasar el tiempo y sentir mi llamado me enredaba en frustración y enojo, y comencé a culpar a mi esposo por mi sentir y mi parálisis. Tenía pensamientos como: "Él no me apoya", "Yo tengo que hacer todo el trabajo de la casa", "Él no me deja", "Él sí puede realizarse y yo no", "Él no cree en mi trabajo", etcétera.

Cuando llegaba de trabajar contento y listo para abrir un vino, cenar y pasar un buen rato, encontraba a una esposa seria, enojada y distante. Al verlo, estos pensamientos llegaban a la superficie y día con día los reforzaba. Cuando él me contaba acerca de su trabajo o de lo feliz que estaba por algún proyecto, se intensificaba mi enojo. Yo me mantenía en silencio, y, aunque no hablaba en voz alta, mi conversación interna comenzó a ser una barrera en mi relación, que con el tiempo se volvió hostil y distante.

Un buen día decidí poner mis pensamientos en papel y trabajarlos: "Él no me apoya con mi trabajo, no cree en mí". Este pensamiento era uno que tenía mucha carga emocional para mí. Me pregunté: ¿Es absolutamente cierto este pensamiento? Me di cuenta de que no lo sabía realmente.

Pero se me abrieron los ojos con la vuelta: "Yo no me apoyo con mi trabajo, no creo en mí". En ese momento desperté, me di cuenta de cómo yo le proyectaba a él esta conversación y me justificaba para no actuar. *Yo no creía en mí*. Me hice un plan de acción de pasos específicos que me acercaran a mis sueños y seguirlos. Cuando tuve claro esto, comencé a trabajar en esa dirección.

Hablé con Genaro y le dije: "Tengo estos planes… y los voy a llevar a cabo. ¿Puedes apoyarme con los niños y lo que necesite de ti, para cumplir mis deseos?".

Para mi sorpresa, él fue muy amoroso, se puso feliz por mí, celebró mis decisiones, y desde entonces ha apoyado cada paso de mi carrera.

Fue claro comprender que, al escucharme, al elevar mi conversación, comencé a hacer lo que quería con mi vida; en consecuencia, florecieron mi matrimonio y la relación con mis hijos.

Cuestiona la vieja conversación que te pone en un estado bajo de conciencia. Comienza un nuevo discurso interno, funcional y constructivo, a partir de las premisas que honran tu aro de la Verdad personal. Tomar responsabilidad de nuestro interior es el comienzo, es la siembra de los acontecimientos futuros. Para determinar qué acciones debemos iniciar, primero debemos manejar conscientemente nuestra conversación interior.

En general, el ser humano es inconsciente del mundo interior y, por lo tanto, no se ve a sí mismo como la causa, sino como la víctima de sus vivencias. Tener un habla interna basada en altos niveles de conciencia es esencial. Es un arte. Es el camino de la limitación a la libertad.

Ejercicio:

Basado en la historia anterior, tuve que mover mis pensamientos y sentimientos de victimización a unos de paz, entusiasmo y poder.

Para que hoy tú te muevas a una nueva realidad es importante que reflexiones en lo siguiente:

Primero, observa tu conversación interior y ve cómo empata con los sueños que deseas vivir. Ponte atento a lo que te dices en este momento: ¿te frena o te impulsa?

¿A qué pensamientos y sentimientos estás atado en el día a día?

Éstos están entretejidos en el tapiz de los resultados de tu vida.

¿Tu conversación interior coincide con un estado de conciencia que empata con tus objetivos?

¿Te complementa?

A través de la autoobservación encontrarás dónde puede haber incongruencias dentro de ti para comenzar a afinarlas. El habla interior llama a los eventos a existir.

El dinero, por ejemplo, es un símbolo del plano físico. Pero es nuestra conversación interior la que revela si gastamos o invertimos, si tenemos mucho o poco, si se pierde o se gana. Si es bueno o malo. Concéntrate en lo que ahora te dices. Elige sabiamente tus palabras y a dónde te llevan emocionalmente. Cuando piensas en dinero, ¿sientes miedo o felicidad?

Cada vez que nos sentimos incomprendidos, utilizados, negados, resentidos o asustados, también lo proyectamos a la abundancia o a la carencia: como somos en un área de nuestra vida, somos en todas. Todo tiene relación. No podemos hacer *malas inversiones internas* y esperar tener abundancia en el exterior. Todo está íntimamente conectado en nuestra vida. Como hacemos algo hacemos todo.

EL SECRETO ESTÁ ADENTRO

Nuestros sueños esperan ser encarnados, pero, a menos que cambiemos nuestro discurso y nuestras acciones en dirección a ellos, son incapaces de nacer: requieren de tu voluntad y tus ganas. Deja de escuchar las reglas externas, vive desde tu aro de la Verdad personal, escucha tu naturaleza y baja la voz de la cultura en ti.

Ejercicio:

Para por un momento y haz una lista de todo aquello que puede estar frenando tus sueños y que hoy se ha convertido en un hábito que te lleva a vivir la vida de costumbre:

- Pensamientos
- Creencias
- Algo que asumes de la realidad o de otros
- Tiempo o dinero
- Edad
- Capacidades
- Adicciones

Toma tu lista y quémala, dales las gracias a estos obstáculos que de alguna manera pretendían protegerte. Ahora sabes que puedes brillar, salir, exponerte, poner límites, soñar en grande. Te mereces tu gran vida.

Ahora aclara tu intención: ¿Qué quieres vivir en tu vida? Escríbelo.

No te enfoques en cómo, sólo en un qué general.

Por ejemplo: *Para mí, la intención ha sido ser un vehículo de inspiración y enseñanzas, durante más de 15 años.* El cómo de esto en todo este tiempo se ha manifestado por muchos caminos, experiencias, proyectos, etc. Le dejé el cómo a la Consciencia Mayor. He estado abierta a vivir mi intención a partir de enseñar yoga y meditación, abrir un centro de yoga en Estados Unidos, escribir libros, dar seminarios, hacer una certificación, dar conferencias, hacer un podcast, grabar meditaciones, escribir artículos, hacer un programa de televisión, trabajar en radio, hacer series de televisión. Me he dejado llevar por la vida, permitiendo que los proyectos comiencen y acaben, y yo manteniéndome firme en mi intención.

La mayoría de los seres no se conecta con su intención porque vive una vida condicionada a sus razonamientos.

Agradece como si ya lo hubieras recibido. Imagina que tus deseos son como una semilla fértil en un prado. Al dejar caer tu intención más profunda en la consciencia, aparecerá. Trabajar en esto es el paso primordial que se espera de ti. No te preocupes por *cómo* florece tu camino, más bien no olvides sostener la semilla fértil. A mí me gusta imaginarla en el espacio de mi corazón.

La vida que es para ti está al alcance de tus manos. Si quieres experimentar aquello que está más allá de tu conciencia actual, debes echarte un clavado a las aguas más profundas de tu consciencia y sacar de ahí todo lo que no se alinea con la grandeza de tu ser. Al saltar a lo profundo suelta todas tus limitaciones, reclamos o condenas. En cuanto decidas vivir en un nuevo estado de conciencia, aparecerá para ti una nueva tierra.

Ejercicio:

Mis áreas no mencionadas:
Esta práctica es importante para dejar ir cualquier tipo de ancla que nos tenga en estados de conciencia de vergüenza o culpa. Lo que no desterramos de nosotros vive como una sombra en nosotros. Es momento de echar un clavado al interior:

1) Toma una hoja de papel y termina esta oración: "Algunos temas, personas, experiencias pasadas o sucesos del mundo en los que no quiero pensar y de los que no quiero hablar son _____".
2) Cada tema que acabas de escribir alberga una puerta a la falsedad y te retira poder.
3) Identifica qué has hecho en el pasado para evadir o negar estas experiencias.
4) Pregúntate y responde: "¿Qué es lo que más temo de esto?" "¿Qué finjo no querer ver?" "¿Qué es lo que no quiero que otros sepan?".
5) Ahora pregúntate: "¿Qué es lo peor que podría pasar si alguien sabe esto de mí?".
6) Lo ideal sería que compartieras este ejercicio con alguien en quien confíes, que te abras y te muestres

fuera de pretensiones y secretos. Esto es muy poderoso para soltar y reconocer que no eres perfecto desde los ojos del ego y no importa, eres amado de igual manera.

Esta valentía habla de seguir tu camino de la Verdad y te permite una sensación de expansión. Como si realmente estuviera creciendo tu interior. Asume tu naturaleza sintiendo "soy valioso", "soy libre", "soy poder". Cuando estos "sentimientos" estén fijos dentro de ti, tu ser sin forma se adueñará de una profunda confianza para vivir.

El reconocimiento personal es el poder que evoca en tu mundo. Cada estado interior que has reconocido alguna vez, lo has encarnado. Lo que asumes hoy como verdadero de ti es lo que experimentas. El mundo es como un espejo de aumento y magnificará todo lo que seas consciente de ser. Las suposiciones, aunque irreales para los sentidos, se endurecerán en hechos si persistes en ellas hasta que tengan la sensación de realidad.

> El paraíso está dentro de cada uno
> de nosotros.

Dejar ir es renacer; soltamos el nivel del cual ya estamos insatisfechos y accedemos al nivel de conciencia que deseamos experimentar, un nuevo "yo" surge de nosotros. Eres el maestro interior que conjura la vida. Acuérdate de que vives más allá de cualquier concepto que puedas tener de ti.

El cerebro del ser humano sólo puede sostener un pensamiento a la vez. Asimismo, no podemos estar en dos estados de conciencia a la vez. Al apartar tu atención del estado de conciencia en el que has vivido, dejas ir lo que no te funciona y creas espacio para poner tu atención en lo que es verdadero de ti.

> Ver lo que deseamos como una posibilidad determina nuestra experiencia de vida.

La razón primordial por la que el ser humano vive limitaciones es por creer que no puede separarse de su punto de vista en el que vive anclado: "su historia". Si imaginamos nuestros deseos a través de los lentes de nuestras limitaciones es natural que parezca difícil o imposible conseguirlas. Elevar el nivel de cualquier estado es convertirte en el deseo mismo.

Dejar ir nuestra identidad actual no es tan difícil como parece. Para lograrlo, debemos omitir de nuestro diálogo cualquier queja, crítica, culpa, enojo y carencia, y, en toda situación, concentrarnos en simplemente ser. Libérate de conceptos de ti y de otros, de cómo funciona la vida, de los pasos, lo razonable, que en gran medida anclan al miedo y al control.

Te irá pareciendo cada vez más natural que dentro de esta profundidad sin forma definida todas las cosas parezcan divinamente posibles. Cualquier cosa que sientas sinceramente que eres mientras estás en este estado de expansión se convierte, con el tiempo, en tu expresión natural.

RELACIONARNOS CON OTROS

Acompañado de humildad y claridad, uno está dispuesto a parar sus intentos por controlar y cambiar a los demás "por su propio bien". Las personas son y actúan de maneras que a veces no son funcionales para ti y es importante ser claros, poner límites y usar el sí y el no de manera efectiva, esto te invita a vivir desde tu poder. Atacar desde el ego a alguien o algo no te apoya a ti, porque sales de áreas carentes y destructivas.

En la medida en que limpiamos los pensamientos que tienen que ver con la culpa, nos enfocamos en soluciones, acuerdos y diseñamos nuestra vida.

Si mantienes en tu mente un resentimiento en contra de un ser humano, creas un candado que te condiciona a un nivel de conciencia, y por lo tanto a un tipo de mundo. La concepción de otros, desde el perdón, se convierte en tu mayor recompensa. Por lo tanto, no invadas la vida de otro con tu energía, pensamientos o resentimientos. Reconoce el dolor si es que existió, transfórmalo y reintegra tu ser para poder vivir en el presente.

Libérate de toda condena interior para elevarte al estado necesario, y que vivas la vida que deseas experimentar. Para disolver una dificultad, anúlala de tu vida por un tiempo; no es que la niegues, es simplemente abrir otras aristas interiores que se acerquen a una solución y que esto te permita desapegarte.

Independientemente de tus evidencias de la realidad de tu problema, del dolor, o de que tengas la razón, suéltalo para que la sabiduría dentro de ti trabaje y te lleve a la sanación.

Hoy pregúntate si culpas a otros por tus circunstancias o por quien crees ser. Si es así, y realmente deseas conocer la Verdad, es importante que hagas un giro de 360 grados.

Esto puede sonar drástico, pero mientras no te vivas completamente responsable de sanar todo lo que aparece en tu vida, la víctima seguirá colándose en tu estado de conciencia. Es fundamental aclarar que *responsable* no quiere decir *culpable*. Se refiere a definirte frente a las vivencias. Es preguntarte: "¿Hoy quién quiero ser frente a esto?". Es permitir que el poder siga en ti, que aprendas acerca de ti, a través de las experiencias vividas, las aceptes con el fin de trascenderlas, y vivas con un corazón en paz. Lo que no puedas comprender déjalo ir desde la humildad y vive en libertad, no tienes que entender para soltar.

Los cambios radicales en las relaciones son producidos por un cambio de opinión, de actitud y de mentalidad. Terminar con una relación no funcional que sigue presente o que ya terminó físicamente tiene que llegar también a un fin en tu mente.

Mediante la comprensión de que cada persona está limitada y condicionada por su visión del mundo, Pilares y estado de conciencia, es posible evitar resentimientos innecesarios.

En la sociedad actual, no se les enseña a las personas a reconocer su programación y éste es un punto ciego para la mayoría de los seres humanos. Por lo que, al ver a otra persona absorta en sus limitaciones, e incapaz de ver otras alternativas, es posible eliminar los juicios y evitar caer en que existan los "malos", "egoístas" o "equivocados", lo que sólo nos pone a nosotros del otro lado de la balanza, siendo víctimas de ellos. Estas personas son finalmente humanos, y su comportamiento no debería definirnos a nosotros ni de lo que somos capaces.

En todo momento tienes el poder de subir tu nivel de conciencia. Lo único que se requiere es tu voluntad. La vida resonará con lo que consideres cierto de ti, porque sólo accederás a lo que ves posible para ti, dejando fuera mucho terreno fértil. Las etiquetas del bien y del mal pertenecen al hombre y son sólo funcionales para fines sociales y morales.

De vez en cuando te reconocerás como muchas cosas, pero no necesitas acumular conceptos para ser lo que ya eres. Para el universo no existe el bien ni el mal, merecedor o no, importante o no. Puedes, si quieres, desligarte de las etiquetas que has decidido cargar y, al hacerlo, te darás cuenta de que hay un espacio de libertad dentro de ti que te dará un respiro de tantos calificativos. Desde esta verdad te vuelves uno con la experiencia y con el todo.

INMADUREZ EMOCIONAL

Lleva a tu mente a todas las personas que te rodean; muchas de ellas son adultos físicamente, pero la apariencia es engañosa. La gran parte de las personas que parecen adultas, emocionalmente no lo son.

Dentro de la mayoría de las personas hay un niño que intenta ser adulto. Y el "niño interior" del que tanto se habla no es realmente interior; claramente, está bastante "afuera".

Conforme las personas crecen, se identifican con estereotipos de los que copian comportamientos y un estilo para verse como adultos.

En realidad, con lo que muchos nos relacionamos es con personas que actúan a partir de una información infantil y que se relacionan con el exterior, identificados con comportamientos y reacciones como las de un infante.

Es natural que un pequeño muestre celos, envidia, competitividad, rabietas, berrinches, resentimientos, caprichos, se autocompadezca de manera constante y requiera ser el centro de atención. A veces desea que se le admire, y en ocasiones culpa a los demás y niega sus responsabilidades.

Si observamos las actividades cotidianas de muchos adultos, podremos ver que no han cambiado mucho. Esto nos brinda la posibilidad de cierta comprensión compasiva, en lugar de condenar. El niño interior, por su ingenuidad, es fácil de programar, de seducir y manipular.

Como cada persona se crea a sí misma con sus autoconceptos, no nos es posible imaginar un ser maduro, consciente, efectivo y amoroso si esto no está disponible mentalmente.

El arte de vivir es la maestría de entender que quienes hemos sido, y quienes han sido los otros, es dado a lo que hemos asumido de nosotros mismos, por lo que no tenemos acceso a ser de otra manera. Esto no es una justificación, sino una vertiente para comprender que todos actúan en extensión a lo que ven posible y en ocasiones atados a un dolor y limitaciones que nos llevan a una inmadurez.

Declara:

Hoy te suelto de ser mi prisionero mental, no tengo por qué entender, justificar o juzgar tu comportamiento, pero tampoco necesito hacerlo para liberarme. Estamos en paz.

La mayoría de las personas cree que el amor es algo que se consigue en las relaciones humanas…, que es una emoción. Lo cierto es que es todo lo contrario. Manifestamos nuestro amor cuando reconocemos a los demás más allá de lo que aparentan. El amor no es una emoción, sino una forma de ser, un estado de consciencia y por lo tanto una forma de relacionarnos y estar presentes.

No te enfoques en vencer un conflicto, porque el que se cree victorioso tiene como consecuencia la enemistad del perdedor. Pocos asumimos que si estamos en un pleito, o una contradicción, estamos enganchados con el otro. Como afirma mi querida Byron Katie: para que haya paz en una relación sólo uno debe tener claridad. O como también dicen: para que haya un pleito se necesitan dos.

> ¿Asumes la responsabilidad por la provocación, la tentación que te engancha al conflicto o tu actitud frente al otro?

En el campo de la consciencia es conveniente aceptar en todo momento la responsabilidad por todo lo que acontece, así evitas caer en la trampa de víctima.

No existen las víctimas en estados de conciencia de valentía para arriba en la tabla.

Pregúntate:

Si pudiera ver paz en esta situación:
¿Qué me pediría?

¿Qué les pediría a otros?

¿En dónde radica mi poder en esta situación?

Otra premisa importante en las relaciones es reflexionar sobre la lección del libro *Un curso de milagros* que plantea:

"Sólo veo el pasado".

Lo que recreamos de otros en gran medida es la imagen construida en el pasado de dicha persona, reconocida por nosotros en el presente como la "realidad" fija de ellos. Ésta es con la que nos relacionamos, no con ellos en el ahora. No identificar esto elimina las posibilidades dentro de la relación, porque no estás presente ante el otro, sino que nos relacionamos con la historia construida del otro.

Si crees que hay margen de mejora en otros, comienza por reconstruirlo en tu mente, con nuevo contenido. Visualizarlo en comprensión y en amor, y no como te gustaría que fuera. Así te dejas de relacionar con la carga de tus memorias acerca del otro y lo aceptas, que es el primer paso para transformar lo que está frente ti. Además, te liberas de estancarte en cierto estado de conciencia en el que te mantiene la culpa que proyectas a otros.

¿A QUIÉN BUSCAS?

Desde los comienzos de la humanidad el ser humano ha mostrado una debilidad por líderes, gurús, dioses, ídolos o celebridades, sin reconocer que esto nos aleja de desarrollar una relación sólida con nosotros. El día que soltamos hacer del exterior algo "especial" o "superior", el ser comienza a encontrar respuestas a través de su propia sabiduría.

Al soltar la idea de que eres inferior o menos que otros, conectas con tu riqueza interior, con el universo que vive dentro de ti. Deja de buscar a alguien superior. La vida y todos los que te rodean son tus maestros, porque todo habla acerca de ti, o de tus juicios y miedos, o de tu capacidad de amar, perdonar, aceptar y poner límites; esto abre espacio en nuestra vida para que los deseos de nuestro corazón florezcan de la mano de nuestro aro de la Verdad.

PIENSA EN CUARTA DIMENSIÓN

¿Somos capaces de alterar nuestro futuro? La mayoría de los seres humanos experimenta el tiempo de manera lineal, pero esto es un producto de la percepción. En realidad el tiempo es relativo. La física cuántica hoy nos enseña algo que a la mente racional le cuesta trabajo entender, y es que todo sucede simultáneamente, presente, pasado y futuro. El ahora es el único momento que funciona como portal para hacer cambios de conciencia a través de la transformación de nuestra información interior. Lo que asumes hoy de ti, y de lo que es posible para tu vida, está siendo ya acordado en el campo cuántico y en un futuro relativo ya existente. Con esta certeza debemos vivir. Sé generoso con la interpretación que tienes acerca del tiempo, pues al soltarlo de los cinco sentidos se elimina la dureza con la que muchos lo juzgamos y que nos aprisiona.

Permanece en la convicción de que tu deseo está hecho en un tiempo que ahora no ves con los ojos físicos. Experimenta el tiempo como relativo. Elimina dentro de ti la conversación aprensiva del futuro que sólo tiene que ver con el ego. Confía.

Para esto tenemos que abrir la mente. Nuestro futuro está determinado por la información construida en nuestro lenguaje interno o Pilares que tenemos hoy. Éste es el punto de origen que crea el porvenir para nosotros.

Actuamos de la forma en la que lo hacemos y reaccionamos a las experiencias que vivimos por el concepto que hemos creado de nosotros. Una transformación de vernos a nosotros desde juicios o dualidad a experimentarnos sólo como consciencia sin límites altera automáticamente nuestro futuro. Es momento de dejar de ser quien has creído que eres con el fin de abrir infinitas posibilidades para tu vida.

Desde niña me relacioné con una dislexia que me limitaba en el aprendizaje, a tal grado que me hicieron repetir un año de primaria. Cuando comencé a sentir el llamado por escribir, mis familiares me dijeron que eso no era una profesión para mí, que nada de lo que yo escribía se entendía y que mi dislexia era un impedimento.

Aun así me aventuré... Aprendí que esta dislexia era también una característica de mi inteligencia, que comprendía enseñanzas complejas y textos abstractos con gran claridad, y que tengo la habilidad de traducirlos para que sean útiles y fáciles de entender y aplicar.

Me retiré de la limitación impuesta y he escrito nueve libros. Aprendí a escribir y lo disfruto profundamente.

Obsérvate más allá de lo que piensas o piensan de ti. Al vivirte ilimitado alteras tu futuro y lo que crees posible para ti.

El hábito de ver sólo lo que nuestros sentidos nos demuestran nos vuelve ciegos a entender la vida desde otros planos y dimensiones, que son en donde se está moviendo realmente el juego de lo que se plasma en el plano físico. Recuerda que para cultivar la capacidad de acceder lo invisible a nuestros ojos debemos desconectarnos deliberadamente de las "evidencias" que sostienen nuestras posturas y enfocar nuestra atención en un estado incorpóreo, hasta que éste tenga una nueva sensación de realidad en nosotros.

Al ser conscientes de los conceptos en los que vivimos, y al mantener activos los cuestionamientos de lo que tomamos como verdad, de nosotros, de la vida y de otros, es como convertimos nuestro futuro en armonía colindada con nuestros deseos. Cuando rompemos un hábito mental y liberamos la mente, nos alineamos a la vasta realidad.

Ejercicio:

Detente para transformar tu futuro:

1) Define tu intención: qué te gustaría plasmar tanto en tu vida como en tu día.
2) Construye un evento mental, en el que te encontrarás después del cumplimiento de tu intención realizada.

3) Debes participar en la acción imaginaria, no simplemente verla desde la esquina, sino que debes sentir que en realidad estás haciendo la acción que te lleva a materializar la intención que sostiene tus deseos; es importante que esta sensación imaginaria sea real para ti.

La intención que nos impulsa a actuar es la que debe atrapar nuestra atención. Un deseo sembrado en intención es la expresión natural de lo que venimos a florecer como seres humanos. No hay deseo absolutamente desinteresado. Donde no se suma a la vida, no hay intención y, en consecuencia, no hay acción.

Para impactar el porvenir debemos estar alertas de dos mundos: el que conocemos por medio de la razón y el de la dimensión cuántica que organiza los eventos.

> Desear un estado es tenerlo, y con ello elevamos nuestro estado de conciencia a la altura de lo deseado por encima de lo "razonable".

LA IMAGINACIÓN Y LOS DESEOS DE TU CORAZÓN

El mecanismo de la creación está latente en la consciencia humana. Se vive como un llamado que existe en cada persona, y depende de cada uno darle expresión.

El proceso creativo comienza con una inspiración imaginativa, que se conecta con un sentimiento y termina en la voluntad de actuar con el fin de plasmar en el plano físico lo que comenzó como una corazonada.

Los seres humanos tenemos dos opciones: alinearnos a la expresión de los deseos que se adecuan a nuestra misión de vida o seguir una vida por *default* regida por el miedo, la programación, las expectativas culturales o el deber ser.

Hoy te invito a aceptar plenamente tus deseos como regalos ya recibidos, sigue tu camino en paz, suelta el estrés y confía en que lo que es para ti aparecerá.

Escuchar, ser sensibles y relacionarnos con nuestras emociones es conectarnos con la vida. El sentimiento es el medio a través del cual los llamados se transmiten a nuestro mundo consciente. Por lo tanto, la persona que no requiere controlar, dominar o negar sus emociones las puede usar como guía para marcar su camino. Enfócate en los sentimientos que contribuyen a la dicha y el gozo de tu ser, lo que te emociona, inspira y a lo mejor te da miedo, lo cual quiere decir que te importa, que tiene un valor para ti.

Ejercicio:

Siéntate en silencio y escucha tu llamado:

¿Qué es lo que te gustaría expresar o vivir?

Una vez que se aclare esto en tu interior, cierra los ojos y aleja completamente tu atención de todo lo que te desenfoca de la realización de tus sueños; adopta una actitud mental receptiva y juega el juego de la imaginación.

¿Cómo es tu vida ahora que tu deseo es realidad?

Descríbela en una hoja de papel.

A medida que logres este estado mental flexible y creativo comienza a imprimirse en ti la identidad de ser lo que deseas, confirmando y sintiendo que ahora vives y expresas con certeza lo que es para ti.

Ejercicio:

Practica esta respiración para profundizar tu intención:

En cada inhalación contempla lo que has decidido ser y vivir. Permite que con cada inhalación una sensación de gozo recorra tu ser, sonríe por dentro. Aumenta esta emoción con intensidad en cada respiración, siente más y más la alegría de sólo ser. Esto es lo natural para ti. En una inhalación profunda, permite que tu ser explote con el profundo gozo de la realización de tu nueva libertad.

EL PODER DE LA IMAGINACIÓN

La imaginación es la herramienta de creación que muchos seres humanos tienen desplazada, o la usan para imaginar más de lo que ya no desean. La vida que tienes está íntimamente relacionada con lo que has imaginado para ti. Es la fuente de creación y el gran secreto de todo genio.

Muchos aprendimos a sofocar el poder de la imaginación y sustituirla por la programación o la acumulación de conceptos, teorías y conocimientos sin vida.

La imaginación nos permite desarrollar la capacidad de concebir ideas, tener visión y utilizar nuestra creatividad, de manera que nos eleva más allá de las aparentes limitaciones mundanas.

Un bloqueo de la imaginación sucede por no sentirnos dignos de vivir una vida plena. Ábrete a la posibilidad de alinear la intención de la consciencia a la tuya, conviértete en un canal; si lo permites, lo deseado se impregna en la tierra.

Libérate de creencias limitantes, obsérvate como el creador. Reconoce la consciencia establecida dentro de ti, porque es en este momento en el cual tus posibilidades se revelan. Crea una vida nueva cada amanecer, entra al estado deseado cada mañana y verás transformado tu mundo.

Aprende de los pescadores, ellos saben que si desean pescar peces grandes, deben ir a aguas profundas. Lo mismo sucede con la experiencia humana, para acceder a las grandes manifestaciones de la vida debes entrar en estados de conciencia más profundos y libres; sólo en este abismo viven las magnas expresiones de la vida.

Mediante la imaginación como herramienta tenemos el poder de utilizar la mente más allá de las evidencias *físicas y razonables*. A través de ella podemos abrir las puertas a nuevos estados y logramos desarmar y reconstruir el mundo que percibimos. Es maravilloso descubrir que puedes imaginarte en tus deseos cumplidos y soltar la prisión en la que te coloca la inconsciencia del poder que reside en cada uno.

IMAGINA QUIÉN ERES Y SERÁS

La vida que inventamos para nosotros es el fruto que da testimonio de cómo utilizamos nuestra imaginación. Nos convertimos en lo que nos imaginamos. Éste es el camino a la Verdad, porque la mente lógica no ve más allá de la dualidad, de impresiones y de conceptos creados.

> Donde el hombre común ve un capullo, la imaginación ve una mariposa.

Al despertar a la vida imaginativa descubrimos que imaginar algo es hacerlo real. Un juicio no tiene por qué ajustarse a la realidad, ya que esto sólo la limita.

El hombre imaginativo no niega la realidad del mundo exterior, sino que reconoce que el plano interior propala el mundo exterior. Él sabe que todo lo que se manifiesta nace de la imaginación. Para él, los deseos son una consecuencia de la actividad mental. De igual manera, reconoce que todo hombre que toma conciencia de la actividad interior despierta.

> Cree firmemente que la realidad se vive dentro.

Ejercicio:

Digamos que deseas una relación íntima estable. Imagínate tomado de la mano de esa persona, sintiendo paz y tranquilidad. Sería un momento clave que vivirías ante el deseo cumplido. Ahora, imagina que tu pareja está enfrente de ti. Pon tus brazos imaginarios alrededor de ella para abrazarla. Primero siente que es sólido y real, después, mantén una conversación imaginaria en armonía con la acción. Haz que ese lugar sea ahora, y que el futuro sea real. Recrea la escena una y otra vez hasta que tenga el sentimiento y la solidez.

AVIVA TU IMAGINACIÓN
Y RENOVARÁS TU VERDADERO SER

La imaginación es capaz de hacer todo lo que pides en proporción al grado de tu atención. Todo progreso, toda satisfacción de deseos depende del foco de tu atención, que debe ser dirigida desde dentro. Tú eliges concentrarte en los eventos que pasan en el exterior, o en la realidad que deseas crear, preocuparte por las circunstancias externas u ocuparte de tu estado de conciencia.

Ejercicio:

Primero pregúntate: ¿Qué más es posible?

Responde desde un estado por arriba de la Tabla de conciencia, por ejemplo: paz, amor, generosidad, aceptación, perdón, etcétera.

Después habla, actúa y mira al mundo desde el estado de conciencia elegido. Aunque al principio te parezca irreal, poco a poco todo se acomodará al poder de *Ser Verdad*.

Recuerda, tú no eres tus circunstancias, sino las posibilidades dentro de ellas.

Hemos sido entrenados para concentrar nuestra atención en el mundo objetivo, y existe una enorme diferencia entre la atención dirigida al exterior y la dirigida al autoconocimiento y la consciencia, y de esta última depende la capacidad de realmente vivir.

El manejo interior no se puede lograr si permitimos que la atención sea atraída constantemente por el drama, noticias, chismes y acontecimientos mundanos. Date a la tarea de retirar deliberadamente tu atención del mundo objetivo y de enfocarlo en el subjetivo. Concentrarte en estados de ánimo que determinen la experiencia de vida que se alinea a lo dulce que es vivir. Así, las cosas que ahora te restringen se desvanecerán y desaparecerán.

No aceptes la vida que otros te han inculcado a ver como la "realidad". Si quieres hacer algo por contribuir a algún apoyo social, verifica que lo hagas desde valentía para arriba en la tabla, porque si sólo lo haces para atacar la injusticia, en verdad no sumas a un cambio de conciencia.

Desde el enojo, el miedo y la culpa generamos más de lo que no deseamos y resulta agotador. Primero enseña con el ejemplo, siendo paz, armonía, lucidez. Después actúa y contribuye a las causas que desees. No importa cuál sea el problema, no interesa dónde se encuentre, no depende de a quién concierne; en primer lugar, debes enfocarte en sanarte a ti mismo y después el resto tomará forma desde una inteligencia mayor. Los pasos a dar serán guiados para conquistar una elevación de conciencia individual y colectiva, que es lo que en realidad suma con tu contribución.

Al comprender la función de la imaginación tienes en tus manos la clave para la solución de las situaciones actuales que no puedes resolver con la razón. La verdad que te libera es comprender que lo que deseas experimentar en la realidad es tu derecho y tu gran poder.

LA IMPORTANCIA DE DORMIR

Dormir requiere aproximadamente la tercera parte de nuestra estadía en la Tierra, y como si esto fuera poco, es la puerta al quantum. Es en el momento entre estar despiertos y dormir que accedemos a la consciencia unida para hacer impresiones. En este estado el consciente y el subconsciente se unen creativamente.

> "¿Conoces ese lugar entre el sueño y la vigilia, ese lugar donde aún recuerdas haber soñado? Ahí es donde siempre te amaré. Ahí es donde te estaré esperando."
>
> PETER PAN

El sueño es el momento en que la mente creadora o consciente se desapega del sentido del mundo. Las condiciones y eventos de tu vida son los frutos formados a partir de los moldes de tus impresiones antes de dormir. Es clave sentir el deseo cumplido antes de quedarte dormido. Creas lo que eres para ti y lo que ves posible en este espacio.

Para que tu deseo sea expresado, conéctate con el sentimiento de ser, tener y ser testigo de tus grandes sueños.

¿Como te sentirías si se cumpliera tu deseo?

La respuesta es la sensación que debes mantener mientras te relajas antes de dormir.

> Primero soñarás con tu deseo y después te despertarás en él.

Es importante que no te límites al pasado, sepárate de él. Imagina más allá de las experiencias o evidencias que tengas de lo que es real o posible. El proceso es: primero imaginar y después asumir el estado que empata con tu sueño, con el mayor detalle posible.

Las naciones, así como las personas, se han construido basadas en la imaginación de lo que creemos ser.

A través de la capacidad de ser tienes dominio sobre la manifestación de tu vida. Mientras más despierto estás, más te reconoces como el jardinero que selecciona las semillas que desea que florezcan. Quedarte dormido sintiéndote satisfecho y feliz emana condiciones y eventos en tu mundo que resuenan en tu actitud mental. El antesueño es la puerta al cielo. Duerme con la sensación de agradecimiento profundo.

Ejercicio:

En lugar de pensar e imaginar cada artículo que crees necesitar o los caprichos del ego, captura la sensación de una
vida maravillosa. Repítete una y otra vez mientras te duermes: "¿No es maravilloso? ¡Esto que vivo es increíble!".
Y mientras te duermes, siéntete de la forma en la que espe-
ras sentirte a lo largo de tu vida.

La imaginación también puede ser algo que compartas con
alguien; unan su poder de creación. Ponte en la disposición
de unir visiones. Decidan una escena imaginaria. Por ejemplo:
imaginen un proyecto común materializándose. Sientan que
todo fluye hacia los pasos y la dirección más adecuada para
ustedes. Háganlo con un sentimiento de alegría, viendo el beneficio de todos los interesados. Sin pensar en los medios,
concéntrense en los beneficios para todos. Caminen con certeza, no por vista. Cuando caminamos por vista, conocemos
nuestro camino por los objetos que ven nuestros ojos. Cuando
caminamos con certeza, ordenamos nuestra vida por escenas
y acciones que sólo la imaginación vislumbra.

El hombre, que es todo imaginación, no es inquilino del
cerebro, sino propietario; puede ir más allá de la percepción
preceptiva a la consciencia conceptual.

> Como en la consciencia, así en tu mundo.

Recuerda que si no estás alerta a tu imaginación en el ensueño, puedes estar usándola de manera involuntaria, lo que te llevará a crear más de lo que hoy ya no deseas.

El mundo presenta diferentes apariencias según distintos estados de conciencia. Lo que vemos cuando nos identificamos con un estado no puede verse cuando ya no estamos fusionados con él. Según lo que se cree, se vive como verdadero.

El poder se esfuma de nosotros al culpar al mundo —tu vida depende de ti—, y en cada momento eliges a qué te alineas, pintando un mundo hermoso o uno desastroso.

> "Qué consuelo es saber que como experimento la vida es el resultado de mi propio estándar de creencias, que soy el centro de mi propia red de poder y que a medida que yo cambio, también se transforma mi mundo exterior."
>
> NEVILLE GODDARD

Muchos creen que la vida se conquista al imitar las acciones externas de los triunfadores, pero en realidad es mediante las conversaciones en las que vivimos y las acciones que tomemos en consecuencia.

Sé específico con tus significados. No es claro decir: "Quiero tener éxito" o "Quiero tener una familia", éstos son términos generales que deben especificarse y elaborarse en detalle. Desarrolla en tu mente ciertas respuestas: ¿en qué quieres tener éxito?, ¿qué es tener éxito para ti?, ¿cómo es una familia para ti?, ¿cómo te la imaginas? Escribe con detalle qué vislumbras en tu vida en los próximos años.

La vida es una obra de teatro que nosotros producimos consciente o inconscientemente. Cuando somos conscientes, construimos una obra que se alinea con nuestro ideal porque nos damos cuenta de que la vida hay que producirla, diseñarla, y, sobre todo, disfrutarla. Nosotros podemos alterar el guion y producir el cambio si deseamos vivir algo nuevo. Cada uno de nosotros es el autor, director y actor de su obra (su vida).

Ejercicio:

Por ejemplo: si quieres viajar a Europa tienes que empezar a producir lo que te acerca a tu imaginación. Pon una fecha específica: Volar el 1° de mayo en la aerolínea American Airlines.

Visualiza una acción interna conforme a la acción del deseo realizado: "Azafata, muchas gracias por indicarme mi asiento". Asegúrate de sentirte en el avión. Acuérdate de que *sentir* es el secreto.

Actúa en tu mente el deseo realizado una y otra vez hasta que sea algo sólo a concretar.

Éste es el secreto de quienes se acuestan despiertos en la cama mientras sueñan episodios verdaderos. Saben cómo vivir en su sueño hasta que, de hecho, lo hacen.

Si lo piensas, el ser humano es todo imaginación, por lo tanto debemos aprender más sobre el dominio de esta valiosa herramienta, porque tu imaginación eres tú mismo, y a través de ella, tus deseos están al alcance de tus manos.

> "Los soñadores a menudo yacen despiertos en la cama, mientras sueñan cosas verdaderas."
> WILLIAM SHAKESPEARE, *Romeo y Julieta*

Podemos adoptar el camino de la imaginación o el camino de los sentidos. Pero cuando finalmente utilizas tu imaginación descubres el núcleo de la realidad. El mundo externo te advierte que no realizarás tu sueño simplemente imaginando. Eso es exactamente lo que comprueba este libro.

Te voy a contar una historia:

Durante años soñé con tener una casa en Colorado en las montañas. Desde la lógica esto no era posible, y mis creencias tampoco se alineaban a este sueño. Todas las evidencias me decían que no teníamos los recursos. Ya manteníamos una casa en Florida y simplemente no era el momento, y creía que no era para nosotros. También arraigaba conversaciones, como: "Yo, por ser hispana, no pertenezco a esa comunidad, no es para mí, sería imposible vivir ahí". Lo veía como algo fuera de mi alcance en muchos sentidos.

Decidí poner en práctica todo lo aprendido con estas enseñanzas.

Me imaginé en una de las casas que había visto hace tiempo, por la que habíamos hecho una oferta; me vi preparando el desayuno, viendo por la ventana, escribiendo y disfrutando de mi familia en la sala. Lo viví en mi imaginación una y otra vez. Sonreí y di las gracias por esta maravillosa oportunidad.

Unas semanas después nos habló la vendedora de Colora-do para decirnos que justamente el dueño de esa casa estaba muy motivado a vender y se iba a adecuar a nuestra oferta. Había pasado un año, pero cuando yo quité los obstáculos interiores todo sucedió muy rápido. Nos dieron un préstamo y un mes y medio después estábamos pasando ahí las fiestas navideñas. Viví en carne y hueso lo que por noches viví en mi mente. Todo se acomodó mágicamente.

Te invito a que tú también recuerdes algo que hayas manifestado simplemente por imaginarlo y después todo se haya acomodado "mágicamente a tu alrededor", cuando te diste cuenta de que ya lo estabas viviendo... Reconoce tu poder.

Si tan sólo los hombres estuvieran preparados para vivir ima-ginativamente en el sentimiento del deseo cumplido irrumpi-ría en ellos el afán por hacer y hacer y pondrían más atención en su interior.

Los seres humanos que no utilizan de manera conscien-te su imaginación están continuamente regalando su poder. Nuestras creencias crean nuestra realidad. Cuando la creencia y la voluntad de experimentar algo nuevo están en conflicto, la creencia gana invariablemente. No es lo que quieres lo que manifiestas; es lo que crees que es verdad, por lo que hoy te pido un salto de fe, brindarle un espacio en tu vida a escribir, soñar, detallar todos los días de tu vida, dedicarle momentos conscientes a la imaginación como parte de tus hábitos dia-rios y la construcción de tu futuro.

EL SINCRODESTINO Y LA IMAGINACIÓN

Como he mencionado en el libro, debemos estar atentos a reconocer que hay tres niveles que viven en unión entre sí y con todos los seres humanos, pues, recordemos, nada está separado, en ellos se lleva a cabo la vida a cada momento:

1) El ámbito físico (todo lo que tiene que ver con el mundo material).

2) El ámbito cuántico, que no puede tocarse ni percibirse por los sentidos. En este espacio vibran tu mente, tus pilares y tu consciencia. Lo que habita en el cuántico carece de solidez; sin embargo, sabes que tu ser y tus pilares son reales para ti.

3) El ámbito no circunscrito es potencial puro, es la realidad de la consciencia, la que opera más allá del espacio y el tiempo; vive dentro y fuera de ti, simplemente es. Es la fuerza organizadora que está detrás de todas las cosas visibles. A través de tu imaginación tienes la conexión con este nivel.

El sincrodestino demuestra que el mundo material es un subconjunto del mundo cuántico y el ámbito no circunscrito. Así, el plano físico está hecho de información contenida en energía que vibra a distintas frecuencias, tanto en lo personal como en lo colectivo. Lo ideal es utilizar el tercer nivel de existencia, es decir, el ámbito no circunscrito o cuatridimensional. En éste aprendemos a vivir desde la consciencia y nos conectamos íntimamente con todo lo que sucede.

Cuando logramos estar presentes en este nivel, ocurren varias cosas:

- Tomamos conciencia de los exquisitos patrones y ritmos sincrónicos que ordenan la vida.
- Comprendemos las infinitas experiencias y memorias que nos han convertido en quienes somos hoy.
- El temor y la ansiedad desaparecen cuando observamos que la vida se desarrolla en cada momento frente a nosotros, convirtiendo a nuestro ser en una expresión infinitamente creativa.
- Vivimos nuestros sueños más profundos y nos acercamos a la paz.
- Se da el *sincrodestino*.

El *sincrodestino* pone énfasis en las coincidencias, las cuales son tan significativas que se vuelven pistas para indicarnos la intención profunda de nuestro ser. De tal manera, se convierten en mensajes del ámbito no circunscrito que nos indican cómo actuar y qué rutas utilizar para ponernos en contacto con nuestros deseos, y desde ese lugar vivir la vida en el plano físico.

ATENCIÓN E INTENCIÓN

Existen dos ingredientes muy importantes para salir al mundo. El primero es la atención (que nos brinda la capacidad de observar en la vasta realidad lo que queremos realizar); se refiere a la capacidad de ver oportunidades, coincidencias, señales para generar energía e ir en la dirección de nuestros propósitos. El segundo es la intención (que acomoda la energía para modelar las circunstancias con el fin de que se conviertan energéticamente en caminos para nuestro ser). Cuando ignoramos nuestros llamados, bloqueamos la posibilidad de una vida más abundante, placentera y alineada a nuestro camino.

Quizá tu llamado sea dejar una relación, cambiar de trabajo o aventarte a hacer algo que suena imposible o ridículo para otros, y hasta ahora también has compartido esa idea.

Ejercicio:

Primero hazte la pregunta: ¿Qué haría con mi vida hoy si sucediera un milagro y todas las puertas de la vida se abrieran para mí?

Ahora descríbelo con detalle…

EL CAMINO SIN ESFUERZO

Lo que deseas ya existe en el ámbito no circunscrito. Tienes acceso a todo su contenido a través de tu propia consciencia e imaginación. No es el mundo el que abre más posibilidades, sino lo que asumes de él. Una suposición nueva trae lo invisible a la vista. Es, ni más ni menos, ver desde el ojo de la imaginación.

El momento presente es de suma importancia, porque sólo en este instante puedes transformar lo que asumes de alguien o algo. El futuro debe convertirse en el presente en tu mente si quieres impactarlo. El futuro se convierte en presente cuando imaginas que tienes el valor de ser lo que pides recibir. Quédate quieto (acción mínima) y concéntrate en tener la certeza de lo que viene.

"Viajar es un privilegio, no de los ricos sino de los imaginativos."
STEPHEN BERRIEN STANTON, *La vida esencial*

EL VERDADERO CONOCIMIENTO

La sabiduría surge cuando somos capaces de sostenernos en el *no sé*. Para ello, cuestionar nuestros pensamientos es clave para permitir los estados deseados y lograr que algo nuevo surja para nosotros. Para lograrlo usa las cuatro preguntas de Byron Katie que vimos en el capítulo 2.

Cada emoción nos coloca en un lugar específico en la Tabla de conciencia, por lo que es importante contrarrestar una emoción de baja vibración por una de mayor poder. La emoción verdadera tendrá dominio en tu estado de conciencia y desde este lugar en la tabla lo manifestarás.

Las emociones son el fundamento sobre el que descansa la manifestación. Te invito a ser consciente de tus estados de ánimo porque existe una conexión directa entre tus sentimientos y tu mundo visible. Vivir desde la paz es un cambio de destino. Tu subconsciente no diferencia entre la verdad o la falsedad de tus emociones, acepta como real lo que creas que es verdad.

En general, los seres humanos consideran sus estados de ánimo como efectos y no como causas. Éstos no son sólo el resultado de las condiciones de nuestra vida; también son las causas de esas condiciones.

Lo que te repites constantemente crea un estado de ánimo, se vuelve el hábitat emocional en el que vives, el cual toma un impulso en nosotros que debemos interrumpir si deseamos sentir mayor dicha o gozo. Mantente pendiente de los sentimientos que tienes. Los estados de ánimo habituales en los que has vivido están fusionados con el calibraje en el que normalmente te encuentras y desde el que manifiestas lo que es posible o no para ti.

LA CREACIÓN ESTÁ TERMINADA

Cuando se dice que la creación ya está terminada, se refiere a que no hay nada nuevo que crear, lo único que realmente sucede es que se manifiesta aquello que ya existe como potencial puro en el quantum. Lo que llamamos creatividad es tomar conciencia de lo que ya es, y vernos a nosotros capaces de manifestarlo.

Cada momento de tu vida, consciente o inconscientemente, estás asumiendo un sentimiento. No puedes evitar asumirlo, más de lo que puedes evitar respirar. Todo lo que puedes hacer es estar consciente de la naturaleza de tus interpretaciones y verificar si te llevan a buen puerto, si no, elimínalas.

Durante miles de años la certeza ha jugado un papel importante en la humanidad. Impregna todas las grandes religiones del mundo, está tejida a través de la mitología y, sin embargo, hoy es casi universalmente incomprendida. Las personas han caído en el cinismo, la crítica, la lógica y el sobreanálisis, lo que nos genera un estancamiento de saltos cuánticos de crecimiento humano.

> La certeza no cuestiona: lo sabe. La certeza es la evidencia de lo que aún no se ve.

¿QUÉ ES POSIBLE?

Vive tu vida con un sublime suspiro de confianza y determinación, ignora las condiciones que te alejen de sentir certeza interior y elimina las evidencias del ego que niegan el cumplimento de tus deseos. Ya eres lo que quieres ser. Vive en esta declaración y conéctate con la Mente Mayor, uno en unidad creativa.

AHORA... ¿QUÉ ACCIONES TOMAR?

Si te preguntas qué se debe hacer entre asumir un deseo cumplido y su realización, lo más importante es que sepas que existen acciones que salen de la verdad en la Tabla de conciencia o reacciones que salen de falsedad en la tabla.

Todo lo que hacemos desde el miedo es una reacción. La mayoría de los seres humanos opera desde este lugar, de modo que lo que hacen en el día a día no tiene gran alcance. No hay poder detrás de sus hábitos diarios.

Lo que es importante saber es que para manifestar tus sueños no debes hacer más, sino ser la persona que vive el sueño, y las acciones puntuales aparecerán de forma natural y en un sincrodestino ante la cocreación.

No califiques las acciones del día a día como espirituales o no. Lo que determina esto es la intención que las sostiene.

Puedes ganar dinero por amor a tu familia, a tu empresa, a tu país, o puedes ganarlo por miedo, avaricia o egoísmo. Si vemos nuestro trabajo como una contribución o servicio, éste será un regalo, por muy simple que pueda parecer.

Es importante que todo lo que hacemos nos dé felicidad, cargarlo de amor, hacer de lo ordinario lo sagrado. Inspírate en los detalles, en lo pequeño, en el día a día, sabiéndote cuidado. Cuando uno da todo a la vida y a cada momento, es fácil mantenerte fuera de exigencia.

> "Piensa en cosas felices. Es lo mismo que tener alas."
> PETER PAN

¿Qué aprendimos en el capítulo 4?

- Este capítulo comienza explorando la premisa que propone entender que los fenómenos de la vida tienen su causa en un plano que no vemos. Todo es en realidad producto de la consciencia. Nos muestra que el plano manifiesto y lo no manifiesto existen simultáneos, por lo que no creamos nada nuevo, sólo manifestamos el potencial puro de lo no visible al plano material. Por ello es importante saberte creador de muchos de los contenidos de tu vida. Reconocer el poder de tu consciencia es lo que abre la grandeza de vivir.

- Enseña que los deseos del corazón son semillas con las que nacemos, las cuales tienen tanto poder como el plan de autoexpresión si fomentamos las condiciones necesarias para que florezcan a lo largo de la vida. Tu consciencia es la tierra fértil en la que nace lo que llevamos dentro. Tú eres la puerta y el vehículo por donde pasa el mundo de lo no manifiesto al plano físico. Es importante poner tu estado de conciencia a la altura de tu deseo. Convertirte en el deseo mismo. Cualquier cosa que deseas es un hecho existente presente en el espacio de la consciencia. Para que esto suceda debes hacer a un lado limitaciones mentales.

- Se nos enseña a usar el lenguaje de manera poderosa para manifestar, colocarnos en el presente y salirnos de declaraciones vagas que nos limitan o nos bajan en la Tabla de conciencia. Reconoce que tu voluntad está hecha ahora a partir de tu lenguaje.

- Manifestarás lo que seas consciente de ser. El mundo magnifica todo lo que crees de ti. Antes de que exista cualquier estado de definición mental, hay infinitas posibilidades, todo lo que has creído de ti es efímero y te aleja de tu ser permanente, ilimitado. Aprende a ser selectivo con lo que asumes como verdadero. Todo lo que aceptes como verdad deja una impresión en tu estado de conciencia.

- Se nos muestra que las asunciones se materializan en hechos, éstas se refieren a asumir, hacer como..., pero también a acceder, ponerte por encima de, elevarte más allá de lo que crees de ti, de otros y de la realidad para trascenderla. Para conquistar algo nuevo debemos asumirnos como..., jugar el rol, el papel, sentir esta realidad mental como un hecho concebido con todo lo que debemos soltar para estar ahí.

- Aprendimos que toda transformación en el plano físico en realidad requiere el deseo de permitir una renovación en la mente. Primero debes convertirte y ser en tu estado de conciencia lo que quieres observar fuera. Como es adentro es afuera, el exterior sólo es el efecto, nosotros somos la causa.

- El secreto está dentro de nosotros, nuestros sueños esperan ser encarnados, pero requieren de tu voluntad y tus ganas, dejar de escuchar las reglas externas, vivir desde tu aro de la Verdad personal, atreverte a escuchar tu naturaleza y abrirle camino. Baja el volumen de las exigencias de la cultura en ti para volver a tu integridad personal.

- En este capítulo hablamos de la importancia de las relaciones humanas y de estar en paz con ellas. Cuando nuestra atención está en los otros, nos alejamos de nuestro poder, y por lo tanto, de nuestros sueños y manifestaciones. Es importante sanar y relacionarnos con otros desde la sencillez y la humildad, dejar de querer cambiar a otros "por su bien". Salir del ego en las relaciones humanas, vivir en el perdón, con un corazón en paz y, si es necesario, poner límites sanos.

- Reconocimos que la gran mayoría de los adultos viven en una inmadurez emocional, en la que actúan como infantes, aunque porten cuerpos de adultos. Al saber esto nos abrimos a una compasión al reconocer que el otro no puede comportarse de otra manera que no sea en extensión de las posibilidades que tiene.

- ¿A quién buscas? Desde la antigüedad, el ser humano ha mostrado debilidad por líderes, gurús, celebridades, dioses, ídolos, sin reconocer que esto nos aleja de desarrollar una relación sólida con nosotros. El día que soltamos hacer del exterior algo "especial" o "superior", el ser comienza a encontrar respuestas a través de su propia sabiduría. Al soltar la idea de que eres inferior o menos que otros, conectas con tu riqueza interior, con el universo que vive dentro de ti.

- Aprendimos a pensar en cuarta dimensión, entendimos que la mayoría de los seres humanos experimentamos el tiempo de manera lineal, pero esto es un producto de la percepción. En realidad, el tiempo es relativo. La física cuántica hoy nos enseña algo que a la mente racional le cuesta trabajo entender, y es que todo sucede simultáneamente: presente, pasado y futuro. El ahora es el único momento que funciona como portal para hacer cambios de conciencia a través de la transformación de nuestra información interior. Lo que asumes hoy de ti, y de lo que es posible para tu vida, está siendo ya acordado en el campo cuántico y en un futuro relativo ya existente. Permanece en la convicción de que tu deseo está hecho en un tiempo que ahora no ves con los ojos físicos. Experimenta el tiempo como relativo. Confía.

- En este capítulo hablamos del poder de la imaginación como un proceso creativo que comienza con una inspiración imaginativa, que se conecta con un sentimiento y termina en la voluntad de actuar con el fin de plasmar en el plano físico lo que comenzó como una corazonada. Se nos indica que los seres humanos tenemos dos opciones: alinearnos a la expresión de los deseos que se adecuan a nuestra misión de vida o seguir una vida por *default* regida por el miedo, la programación, las expectativas culturales o el deber ser. Te invita a aceptar plenamente tus deseos como regalos ya recibidos, seguir tu camino en paz, soltar el estrés y confiar en que lo que es para ti aparecerá.

- Nos aclara que nos convertimos en lo que nos imaginamos. Éste es el camino a la Verdad, porque la mente lógica no ve más allá de la dualidad, de impresiones y conceptos creados. Al despertar a la vida imaginativa descubrimos que imaginar algo es hacerlo real. Un juicio no tiene por qué ajustarse a la realidad, ya que esto sólo la limita. El hombre imaginativo no niega la realidad del mundo exterior, sino que reconoce que el plano interior propala el mundo exterior. Eres en función de lo que imaginas de ti y del mundo.

- También nos enseñó que la imaginación es capaz de manifestar en proporción al grado de tu atención. Todo progreso, toda satisfacción de deseos, depende del foco de tu atención, que debe ser dirigida desde dentro. Tú eliges concentrarte en los eventos que pasan en el exterior, o en la realidad que deseas crear, preocuparte por las circunstancias externas u ocuparte de tu estado de consciencia que es en donde realmente se lleva a cabo el juego de la vida.

- Nos recuerda que el ensueño es el momento en que la mente creadora o consciente se desapega del sentido del mundo. Las condiciones y eventos de tu vida son los frutos formados a partir de los moldes de tus impresiones antes de dormir. Es clave sentir el deseo cumplido antes de quedarte dormido. Creas lo que eres para ti y lo que ves posible en este espacio.

- Aprendimos acerca del sincrodestino que pone énfasis en las coincidencias, las cuales son pistas para indicarnos la intención profunda de nuestro ser. Se convierten en mensajes que nos indican cómo actuar y qué rutas utilizar para ponernos en contacto con nuestros deseos, y desde ese lugar salir a vivir la vida en el plano físico. Existen dos ingredientes muy importantes. El primero es la atención (que nos brinda la capacidad de observar en la vasta realidad lo que queremos realizar); se refiere a la capacidad de ver oportunidades, coincidencias, señales para generar energía e ir en la dirección de nuestros propósitos. El segundo es la intención (que acomoda la energía para modelar las circunstancias con el fin de que se conviertan energéticamente en caminos para nuestro ser).

- Nos recuerda que lo que deseas ya existe en el campo de infinitas posibilidades. Que tienes acceso a todo su contenido a través de tu propia consciencia e imaginación. No es el mundo el que abre más posibilidades, sino lo que asumes de él. Una suposición nueva trae lo invisible a la vista. Es, ni más ni menos, ver desde el ojo de la imaginación.

- Vimos que la sabiduría surge cuando somos capaces de sostenernos en el *no sé*. Para ello, cuestionar nuestros pensamientos es clave para permitir los estados deseados y lograr que algo nuevo surja para nosotros. Para lograrlo usa las cuatro preguntas de Byron Katie que vimos en el capítulo 2. Cada emoción nos coloca en un lugar específico en la Tabla de conciencia, por lo que es importante contrarrestar una emoción de baja vibración por una de mayor poder. La emoción verdadera tendrá dominio en tu estado de conciencia y desde este lugar en la tabla manifestarás.

- Nos explica que cuando se dice que la creación ya está terminada, se refiere a que no hay nada nuevo que crear, lo único que realmente sucede es que se manifiesta aquello que ya existe como potencial puro en el quantum. Lo que llamamos creatividad es tomar conciencia de lo que ya es, y vernos a nosotros capaces de manifestarlo. Cada momento de tu vida, consciente o inconscientemente, estás asumiendo un sentimiento. No puedes evitar asumirlo. Sé consciente de la naturaleza de tus interpretaciones y lo que te hacen sentir para verificar si te llevan a buen puerto; si no, elimínalas.

- Vive tu vida con un sublime suspiro de confianza y determinación, ignora las condiciones que te alejen de sentir certeza interior y elimina las evidencias del ego que niegan el cumplimento de tus deseos. Ya eres lo que quieres ser. Vive en esta declaración y conéctate con la Mente Mayor, uno en unidad creativa.

- Por último, en este capítulo se nos hace la distinción de comprender que las acciones salen de la verdad en la Tabla de conciencia y las reacciones salen de la falsedad. Todo lo que hacemos desde el miedo es una reacción. La mayoría de los seres humanos opera desde este lugar, de modo que lo que hacen en el día a día no tiene gran alcance. No hay poder detrás de sus hábitos diarios. Lo que es importante saber es que para manifestar tus sueños no debes hacer más, sino ser la persona que vive el sueño, y las acciones puntuales aparecerán de forma natural, en un sincrodestino ante la cocreación.

Palabras finales

En toda la creación visible, en la eternidad, en todos los reinos de tu ser infinito, el hecho más maravilloso es que tú eres todo lo que existe. Tú eres el "yo soy". Eres consciencia viva. Tú eres el creador de este mundo maravilloso. Éste es el misterio, es el gran secreto conocido por los grandes maestros a lo largo de los siglos. Es la verdad que nunca podrás conocer intelectualmente.

¿Quién eres realmente?
Eres tu yo superior.
Tu yo más profundo.
Tu ser infinito y eterno.

Lo importante es que dentro de ti vive el mundo. No puedes saber esto con la razón, no puedes debatirlo, no puedes fundamentarlo, sólo puedes sentirlo y ser consciente de ello.

En general, el hombre aún no ha aprendido que todo lo que está fuera de su cuerpo físico es también parte de sí mismo, que su mundo y cómo vive las condiciones de su vida son el reflejo de lo que se permite o se limita a sí mismo. Cuando conoces esta verdad, dejas ir lo viejo para que la nueva era florezca a través de ti.

El concepto de que el hombre, consciente o inconscientemente, determina las condiciones de la vida imaginándose a sí mismo, lleva a la conclusión de que este mundo supuestamente sólido es una construcción de la mente, un concepto que, al principio, la mente dormida rechaza.

Sin embargo, la mayoría de los conceptos que hemos rechazado a lo largo de la historia, por quedar fuera de la lógica perceptiva, se ha desmentido a través de la exploración científica.

> El poder creativo en el hombre duerme y requiere ser despertado.
> Despierta del sueño que te dice que el mundo exterior es la causa de las condiciones de tu vida.
> Levántate del pasado muerto y crea un nuevo entorno.
> Tu vida expresa una cosa, y sólo una cosa: tu estado de conciencia.

No hay día que pase que no nos brinde la oportunidad de transformar una vida mediante el uso de nuestra imaginación amorosa. La transformación es en principio siempre posible, porque el ser creador vive en nosotros, sólo es cuestión de despertarlo.

Este libro es una invitación a abrir la puerta a la gran vida que espera encarnarse para ti, pero a menos que ofrezcas tus mayores deseos a la consciencia, asumiendo que ya eres aquello que deseas simbolizar, esa vida es incapaz de nacer.

"Que el hombre ignore las apariencias y se declare el hombre que quiere ser. Que imagine la belleza donde sus sentidos revelan cenizas, la alegría donde se da testimonio de duelo, las riquezas donde se da testimonio de pobreza. Sólo mediante un uso activo y voluntario de la imaginación se puede elevar al hombre."

NEVILLE GODDARD

Es hora de despertar del sueño y poner fin a todas las creaciones desagradables del hombre dormido.

¿Cuál es la última realidad de este mundo?

El amor.

El amor es una manera de vivir e interpretar la vida. Es un estado del ser.

La esencia del amor transforma la percepción en visión, y todo lo que es real se ve claramente. Trae consigo compasión y deseo de comprender. Con esto, se da el perdón. Dejando las condenas y los resentimientos.

Es una forma de estar en el mundo, una forma de verte a ti mismo y a los demás. Llega un momento en que uno "se enamora" de todo porque reconoces que nada está separado de ti, por lo tanto, amar no duele.

Bibliografía

Beck, Martha (2021). *The way to Integrity*, Nueva York, Penguin Random House.

Dyer, Wayne W. (2012). *Wishes Fulfilled*, California, Hay House.

—— (2006). *The Power of Intention*, California, Hay House.

Goddard, Neville (2020). *The Power of Awareness*, publicación independiente.

—— (2019). *Infinite Potential*, Nueva York, Martin's Essentials.

Hawkins, David R. (2013). *The Eye of the I*, California, Hay House.

—— (2013). *Transcending the Levels of Consciousness*, California, Hay House.

Katie, Byron (2017). *A Mind at Home with Itself*, Nueva York, HarperOne.

—— (2002). *Loving What Is*, Nueva York, Harmony Books.

Schucman, Helen (2015). *A Course in Miracles*, California, Foundation for Inner Peace.

Vaughan, Frances (2001). *Selections from A Course in Miracles* [audiolibro], Londres, Macmillan.

Consciencia de Alejandra Llamas
se terminó de imprimir en octubre de 2021
en los talleres de
Litográfica Ingramex, S.A. de C.V.,
Centeno 162-1, Col. Granjas Esmeralda, C.P. 09810,
Ciudad de México.